Contents

JN102782

1

① 清が東アジアに君臨した

1　清の中国支配

(1) 清の建国（1616年）

・中国東北地域で女真（のち❶　　　　　　　　と改称）人が清を建国

→1644年に明が滅亡すると，❷　　　　　　　　に都をおく

→❸　　　　　　　帝の時に中国支配が完成する

(2) 清の中国統治

・中国で大多数を占める❹　　　　　　人に対して，辮髪などを強制する

・❶人と❹人の融和…❺　　　　　　　学などの伝統文化を尊重

(3) 雍正帝・❻　　　　　　　帝の時代…広大な地域を支配

・遊牧帝国のジュンガルを滅亡させ，ロシアとの国境を画定

2　清を中心とする東アジアの国際秩序

(1) 中国の歴代王朝がもっていた❼　　　　　　　　　　を引き継ぐ

(2) 周囲の諸国と上下関係を結ぶ

→周囲の地の首長が貢ぎ物をもって来訪する（＝❽　　　　　　　）

→清はその返礼として爵位や王号をあたえて君臣関係を結ぶ

（＝❾　　　　　　　）

3　朝貢と海禁

(1) 明の対外貿易…民間による対外貿易を禁止（＝❿　　　　　　）

・対外貿易を❽貿易に限定することで，国家が貿易統制をおこなう

(2) 清の対外貿易…❿を緩め，民間による対外貿易を許可

・ヨーロッパ各国とも貿易関係を結ぶ→1757年，貿易港を広州1港に制限

4　朝鮮・琉球と江戸幕府

(1) 朝鮮…⓫　　　　　　　とよばれる地主層による支配体制が築かれる

・清の成立後，清の❾を受け，日本とは対等関係を結ぶ

(2) 琉球…各地の物産を中国へ運ぶ中継貿易で繁栄

・17世紀，⓬　　　　　　藩の支配下に入る

・清の成立後，清の❾を受け，清と⓬藩との両属状態になる

(3) 日本（江戸幕府）…朱印船貿易から「⓭　　　　　　　」政策へ

・海外進出の動きもみせたが，⓮　　　　　　　　教の影響をおそれて⓭政策をとる

・清との朝貢関係は結ばなかったが，長崎などさまざまな窓口を通じて世界と貿易をおこなう

・⓯　　　　　　　や茶，砂糖などの国産化の試みもなされる

Kotoba（ことば）
❺のヒント　上下の区別を強調し，明と清の時代に儒教の正当となった流派。

Kotoba（ことば）
❼のヒント　中国（中華）は文明の中心であり，対する周囲の地は文化の程度が低いとみなす思想。

Kotoba（ことば）
中継貿易　各地から輸入した物産品を，そのままあるいは加工して輸出する貿易のかたち。

Kotoba（ことば）
朱印船貿易　海外への行き来を許可する「朱印状」をあたえられた船によっておこなわれる貿易のこと。

問1 上の写真**A**は，現在世界遺産に指定されている，明・清時代の皇帝の宮殿である。この宮殿の名前を選ぼう。

ア.紫禁城　　　イ.万里の長城　　　ウ.ポタラ宮　　　　　　　　　　　（　　　　）

問2 上の写真**B**は，問1の城内の扁額を示している。漢字の右に併記された文字は何か選ぼう。

ア.モンゴル文字　　　　イ.満洲文字　　　　ウ.ハングル文字　　　　　（　　　　）

問3 清の都がおかれた左の地図中のAの地名を答えよう。

（　　　　　　　）

問4 日本の貿易の窓口であった薩摩口・松前口・対馬口の位置を，B・C・Dからそれぞれ選ぼう。

薩摩口：（　　　　）　　　　松前口：（　　　　）

対馬口：（　　　　）

問5 長崎において，オランダ商館がおかれた扇形の人工島の名前を答えよう。　　　　　　　　　　（　　　　　　　）

問6 問5の島は，もともとポルトガル人の収容施設として1636年に築かれたものである。それはある宗教の広がりをおさえるためであり，清がヨーロッパとの貿易を広州1港に制限したのも同じ理由であったと考えられる。その宗教の名前を答えよう。　　　　　　　　　　　　（　　　　　　　）

問7 琉球・朝鮮は清の「冊封」を受けた。「冊封」の意味を説明しよう。

☑ **チェックポイント**

①17世紀はじめに中国東北地域で建国された満洲人の国‥‥‥‥‥‥‥‥‥（　　　　　　　）

②皇帝に対し，周囲の地の首長が貢物をもって来訪すること‥‥‥‥‥‥ （　　　　　　　）

③中国は文明の中心であり，その周囲の地は文化の程度の低い地であるとみなす思想

‥‥‥‥‥‥‥‥‥‥‥‥‥‥‥‥‥‥‥‥‥‥‥‥‥‥‥‥‥‥‥‥（　　　　　　　）

④民間商人による対外貿易を禁止すること‥‥‥‥‥‥‥‥‥‥‥‥‥‥（　　　　　　　）

② 東アジアは成熟期をむかえた

1　東アジア各国の共通性…18世紀，各国の社会が成熟期を迎える

(1) 清・朝鮮・日本はそれぞれ農地の開拓がすすみ，やがて限界に達する

→❶＿＿＿＿＿などの商品作物の栽培が広まり，❷＿＿＿＿＿大陸原産のトウモロコシ・❸＿＿＿＿＿などの新しい作物が導入される

2　清の経済と社会

(1) メキシコからの❹＿＿＿＿＿の大量流入→経済発展

→18世紀から19世紀にかけ❺＿＿＿＿＿が爆発的に増加

(2) ❺の増大で海外へ移住する人々も→華僑・❻＿＿＿＿＿とよばれる

(3) 社会では，❼＿＿＿＿＿の理念にもとづく血縁親族集団(宗族)の結束が強化・拡大

3　朝鮮の経済と社会

(1) 清への❽＿＿＿＿＿をおこなったが，対外貿易には消極的で❾＿＿＿＿＿政策を続ける

(2) 清以上に❼の理念が浸透

→宗族形成が進むが，❾政策のため，人々が大量に海外移住することはなかった

4　日本の経済と社会（18世紀）

(1) 四つの対外窓口を通しての輸入→金・❹など貴金属の流出

→海外貿易が次第に制限される→農業の振興と輸入品の国産化が必要に

(2) 農具や❿＿＿＿＿の改良による生産力向上

→関西の⓫＿＿＿＿＿，関東の生糸，琉球・瀬戸内地域(讃岐)の⓬＿＿＿＿＿などの商品作物の生産がさかんに→国内各地に運ばれる

(3) 一族よりも，個々の家の内部とその近隣社会との結束が重視される

→年貢などを村全体の責任でおさめる⓭＿＿＿＿＿制にも反映

5　海を通じた交易の活発化（18世紀の中国）

(1) 大都市が多く発生→庶民の間でもさまざまな産品への需要が高まる

(2) 各地からの産品と対価

・東南アジアから：錫・金などの鉱産物，米・海産物などの食品

・⓮＿＿＿＿＿から：綿布

→これらへの対価として，長江下流域の生糸を原料とした⓯＿＿＿＿＿織物，陶磁器，欧米での需要が高い❶などが輸出された

考えてみよう ・・・・・・・・・・●

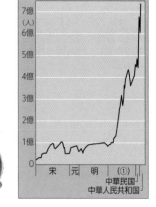

問1　右のグラフは，中国の各時代における人口推移を示している。空欄①の時代，経済発展により人口が爆発的に増大した。この空欄に入る王朝の名前を答えよう。　　　　　　（　　　　　　　）

問2　右の写真はメキシコで鋳造された貨幣で，国際的な通貨としてアジアにも大量に流入し，問1の王朝の経済発展の要因にもなった。どんな金属でできているか答えよう。

（　　　　　　　）

問3　左の肖像の人物は，18世紀の日本で，ある作物の栽培を積極的にすすめた。彼はその作物の別名をとって「甘藷先生」ともよばれた。

（1）　この人物の名前を選ぼう。　　　　　　　　　（　　　）

ア．平賀源内　　　　イ．大岡忠相

ウ．徳川吉宗　　　　エ．青木昆陽

（2）　この人物が栽培をすすめた作物の名前を選ぼう。　（　　　）

ア．じゃがいも　　　イ．サトウキビ

ウ．サツマイモ　　　エ．トウモロコシ

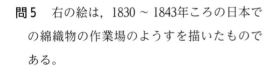

問4　左の写真の花の繊維をほぐしてよりをかけると，何になるか選ぼう。

ア．生糸　　　イ．綿糸　　　ウ．毛糸　　　　　　（　　　）

問5　右の絵は，1830～1843年ころの日本での綿織物の作業場のようすを描いたものである。

（1）　絵の②・③にあてはまる作業の内容をそれぞれ選ぼう。

ア．色を染める　　　イ．機織り

ウ．水で洗う　　　　エ．糸を束ねる

②：（　　　）　　　③：（　　　）

（2）　この絵を説明した文の空欄にあてはまる語句を答えよう。

作業場では，女性の労働者がそれぞれの持場で働き，（　　　　　　）制がとられている。

✓ チェックポイント

①メキシコから清に大量輸入し，納税などに使用された金属・・・・・・・・・・・・・・・・（　　　　　　　　）

②特に清・朝鮮で，血縁親族集団の結束・強化の基盤となった儒教の流派

・・・（　　　　　　　　）

③中国から輸出され，欧米での需要が高かった商品作物・・・・・・・・・・・・・・・・・・（　　　　　　　　）

サツマイモをアメリカからヨーロッパに持ち帰ったといわれているのはだれか？
①ナポレオン　　②コロンブス　　③フランシスコ = ザビエル

5

③ 砂糖入り紅茶とキャラコに魅せられて

1 大西洋三角貿易とアジア物産

(1) イギリスの大西洋三角貿易

・18世紀以降，イギリスは大西洋三角貿易とアジア物産の輸入を組み合わせて多くの利益を得た→産業革命の基盤

```
                                                    ┌─────────┐
                    ❶          （キャラコ）          │  インド  │
                                                    └─────────┘
                                           ┌─────────┐      ⋮
              ❷          ・                │  イギリス │←‥‥‥‥‥
                                           └─────────┘
           タバコなど                              ❶など日用品
                                                    火器
  ┌─────────────┐              ❸              ┌─────────┐
  │ アメリカ大陸 │←─────────────────────────────│  アフリカ │
  └─────────────┘                              └─────────┘
```

(2) アメリカ大陸の大農場経営

・ヨーロッパ市場向けの❷・タバコ・コーヒーなど単一の商品作物を生産する❹＿＿＿＿＿＿＿＿＿＿＿＿＿＿＿（大農園）が発達した

・❷などの需要により労働力獲得手段として，❸貿易が拡大した

2 貿易と新しい生活文化

・貿易による新しい生活文化の誕生

　→❺＿＿＿＿＿＿＿＿＿＿＿やカフェの成立

3 科学革命と啓蒙思想

(1) 自然科学

・❻＿＿＿＿＿＿＿＿＿＿＿…「万有引力の法則」など力学を確立

　この分野の発展は科学革命とよばれる

(2) 啓蒙思想

・❼＿＿＿＿＿＿＿（イギリス）…抵抗権，革命権を唱えた

・❽＿＿＿＿＿＿＿（フランス）…人民主権を主張した

・❾＿＿＿＿＿＿＿＿＿（フランス）…三権分立の必要性を唱えた

(3) 経済学

・❿＿＿＿＿＿＿＿＿＿＿（イギリス）…経済活動の自由を主張

Kotoba（ことば）
植民地　もともとは移住地をさす言葉だが，近世以降は本国に対する従属地をさす。本国による政治的経済的支配を受けた。

Kotoba（ことば）
抵抗権・革命権　国家権力の不法な行使に対し抵抗する権利（抵抗権）。また，そのような国家そのものをつくり変える権利（革命権）。

Kotoba（ことば）
三権分立　行政権（政府）・立法権（国会）・司法権（裁判所）の権力をそれぞれ独立させ，権力を集中させないことで国家による権力濫用を防ぐしくみ。

考えてみよう………●

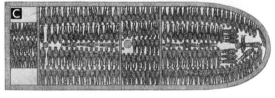

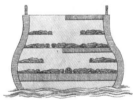

問1　写真**A**で楽しんでいる紅茶と砂糖はそれ
　　ぞれどこからの輸入品だろうか。

　　　　　　　紅茶（　　　　　　　　　　　）

　　　　　　　砂糖（　　　　　　　　　　　）

問2　写真**B**で働いている人たちはどのような
　　人たちだろうか。

問3　写真**C**を見て，奴隷はどのような扱いを
　　されたか考えてみよう。

問4　アフリカ大陸から連れだされた奴隷は，
　　合計してどれだけの人数だろうか。

　　　　　　　　　　（　　　　　　　　　　）

問5　国際商業の展開は，ヨーロッパの人々の
　　生活や考え方にどのような影響を与えただろ
　　うか。

✓ **チェックポイント**

①国王の特許状により設立され，アジア貿易を独占した貿易会社………（　　　　　　　）

②社会は自由で平等な個人相互の契約によってつくられるものだとする考え方

…………………………………………………………………………（　　　　　　　）

③ニュートンの力学に代表される自然科学の発展…………………………（　　　　　　　）

④迷信や無知，不公正を批判し，理性による合理的な思考を主張する思想

…………………………………………………………………………（　　　　　　　）

④ 国産化が世界をつくり変える

1 産業革命の展開

- 18世紀後半の❶＿＿＿＿＿＿＿＿は，世界ではじめて農業社会から工業社会へと変化し，社会構造や人々の生活も大きく変わった。このような大きな変化を❷＿＿＿＿＿＿＿という

(1) 綿工業の技術革新

- イギリスの❷は，❸＿＿＿＿＿＿＿から輸入していた綿製品の国産化をめざし，❹＿＿＿＿＿＿＿での綿工業の技術革新からはじまった
- イギリスの綿製品は，19世紀には本場のインドにも輸出するようになった

(2) 動力革命・交通革命

- ワット…❺＿＿＿＿＿＿＿を改良→工場の動力源を蒸気力に変えた
- スティーヴンソン…❻＿＿＿＿＿＿＿を実用化

(3) 産業革命の広がり

- ❼＿＿＿＿＿＿＿の建設や蒸気船の建造により鉄工業と機械工業が発展
- イギリスは「❽＿＿＿＿＿＿＿」として発展した

2 「万国の労働者よ，団結せよ」

(1) 産業革命後の変化

- ❾＿＿＿＿＿＿＿の成立（マンチェスター，バーミンガムなど）
- 二つの社会階級の成立

    ❿＿＿＿＿＿＿…工場や企業を経営

    ⓫＿＿＿＿＿＿＿…賃金を得て工場などで働く

    →資本主義経済の確立→工場制機械工場による大量生産

    →労働問題の発生

(2) 労働問題

- 産業革命は劣悪な労働条件に苦しむ労働者を生んだ
- 労働者たちは団結して労働条件の改善を求めた＝⓬＿＿＿＿＿＿＿

(3) 社会主義…一部の人々のみが利益を得る不平等さを改め，全体の幸福のために理想社会をめざす思想や運動

- ⓭＿＿＿＿＿＿＿とエンゲルス：『⓮＿＿＿＿＿＿＿』を出版し，労働者の国際的な団結をよびかけた

    →ロンドンで⓯＿＿＿＿＿＿＿（国際労働者協会）結成（1864）

- マルクスが『⓰＿＿＿＿＿＿＿』を出版
- ヨーロッパの労働運動にマルクス主義の影響力が拡大

Kotoba（ことば）
労働問題 資本家は利潤を追求して労働者に長時間の低賃金労働を求めた。資本家が圧倒的に有利な環境のもと，労働者は不利な条件で働かざるを得なかった。特に女性や児童は従順な労働力として酷使された。

Kotoba（ことば）
エンゲルス 盟友マルクスを公私ともに支え，マルクスとともにマルクス主義を完成させた人物。

Kotoba（ことば）
⓰のヒント 資本主義経済を批判的に分析した著作。

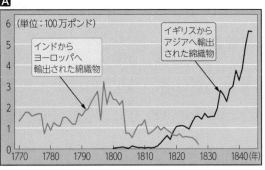

問1 図**A**のようにイギリス綿織物の輸出が増えたのはなぜだろうか。

問2 イギリス綿織物の輸出が増えた結果，インド綿布はどうなったか。

問3 図**B**をみて，それぞれ答えなさい。

（1） 機械を操作しているのはおもにどんな人か。 （　　　　　　）

（2） 鞭で叩かれそうになっているのはどんな人か。 （　　　　　　）

問4 図**B**を見て，イギリスの綿製品が競争力をもった理由を考えてみよう。

問5 労働者はどのようにして資本家に対抗しただろうか。

問6 労働者の立場に立つ社会主義とはどのような考えだろうか。

☑**チェックポイント**

①最初に産業革命が始まった工業分野‥‥‥‥‥‥‥‥‥‥‥‥‥‥‥（　　　　　　）

②不平等さを改め，全体の幸福のために理想社会をめざす思想と運動‥‥（　　　　　　）

③『資本論』を出版し，ヨーロッパの労働運動に影響を与えた人物‥‥‥‥（　　　　　　）

⑤ 人々の政府を自らつくる

Kotoba（ことば）
啓蒙思想　伝統的な価値観や考え方に盲従するのではなく，理性によって人間社会を理解しようとする思想。

1 啓蒙思想と近代国家の建設

・イギリスの❶ □□□□□ は抵抗権・革命権を唱えた

2 本国イギリスと対立する13植民地

・17世紀以降，イギリスが北米大陸東海岸に❷ □□□□□ を建設

　→住民が武装して自衛

　　北部：自営農業，商業，造船業

　　南部：❸ □□□□□ 制プランテーションでタバコなどを生産

・イギリスによる❷への増税

　→❷の抵抗…イギリスからの輸入品に対する不買運動

　　　　　　　❹ □□□□□ 茶会事件(1773)

3 独立戦争

・1775年4月，イギリス本国と植民地の武力衝突

　→植民地は❺ □□□□□ を総司令官として独立戦争を開始

・当初，植民地軍は苦戦

　{ トマス=ペインが『❻ □□□□□ 』を出版

　　❼ □□□□□ らが独立宣言を起草

　→植民地軍の士気が高まる

・❽ □□□□□ などの国際的支援を得て，しだいに植民地軍が優勢となる

・イギリスは1783年に❷の独立を承認した

・1787年に合衆国憲法が制定され，アメリカは広い自治権をもった州が集う❾ □□□□□ 国家となった

・アメリカは連邦議会，大統領，連邦裁判所の❿ □□□□□ で権力の集中を避けた

・1789年，❺が初代大統領に選ばれた

4 独立革命の光と陰

・光…アメリカ独立革命は初めての市民革命であり，独立宣言はすべての人を権利の主体としたため後世に大きな影響を与えた

・陰…権利をもつ主体から排除された人々が存在(奴隷，先住民，女性)

Kotoba（ことば）
独立宣言　平等，自由，幸福の追求などの基本的人権と圧政に対する革命権を認めた。

Kotoba（ことば）
連邦　高度な自治権をもつ多数の国(州)によって構成された連合国家。

考えてみよう

アメリカ独立宣言 B

……われわれは，自明の真理として，すべての人は平等に造られ，造物主によって，一定の奪いがたい天賦の権利を付与され，そのなかに生命，自由および幸福の追求の含まれることを信ずる。また，これらの権利を確保するために人類のあいだに政府が組織されたこと，そしてその正当な権力は被治者の同意に由来するものであることを信ずる。そしていかなる政治の形体といえども，もしこれらの目的を毀損するものとなった場合には，人民はそれを改廃し，かれらの安全と幸福とをもたらすべしとみとめられる主義を基礎とし，また権限の機構をもつ，新たな政府を組織する権利を有することを信ずる。

(高木八尺・末延三次・宮沢俊義編『人権宣言集』岩波書店)

問1　Aで，先住民に変装した人々が海に捨てている物は何か。　（　　　　　）

問2　Aで，植民地の住民は，なぜ問1のものを海に捨てたのだろうか。

問3　Bの独立宣言で主張された天賦の権利とは何か。

問4　Bでは，政府は何のために組織されたと書いてあるか。

問5　Bの独立宣言で権利の主体から排除されたのはどのような人々か。　（　　　　　）

問6　問5の人々が権利の主体から排除されたのはなぜか。

✔ チェックポイント

①抵抗権・革命権を唱えた啓蒙思想家……………………………………（　　　　　）

②先住民に変装した植民地の人々が1773年におこした事件……………（　　　　　）

③独立戦争の司令官で，初代アメリカ大統領となった人物……………（　　　　　）

④トマス=ペインが著し，独立の機運を高めた出版物……………………（　　　　　）

⑤独立宣言を起草し，第3代大統領となった人物…………………………（　　　　　）

⑥ 政治は国民のために

Kotoba (ことば)
絶対王政　国家の権力が君主(王や皇帝)に集中する国家体制。官僚制と常備軍が形成され，それらを維持する財源として重商主義の経済政策がとられた。

1　自由と平等を求めて

(1)　絶対王政下のフランス

・第一身分(聖職者)・第二身分(貴族)…❶＿＿＿＿＿＿＿身分として課税免除

・第三身分(平民)…人口の98％を占め重税を負担

(2)　フランス革命

・❷＿＿＿＿＿＿＿＿…1789年，第三身分を中心に結成。政治は大多数の平民の利害を代表すべきと主張

・1789年7月14日，パリの民衆が❸＿＿＿＿＿＿＿の牢獄を襲撃

　→国民議会は❹＿＿＿＿＿＿を発表

・❺＿＿＿＿＿＿＿派が台頭

　→王政を廃止し共和政樹立を宣言＝❻＿＿＿＿＿

　→1793年1月，国王ルイ16世を処刑

・❺派の独裁…❼＿＿＿＿＿＿＿＿が中心

　→男性普通選挙など改革をすすめる

　→反対派を次々と処刑する❽＿＿＿＿＿＿をおこなった

Kotoba (ことば)
共和政　国民が選出した代表者によって統治される政治形態。

Kotoba (ことば)
男性普通選挙　納税額による制限なしに，すべての成年男子に選挙権が与えられる選挙制度。

2　革命を広めたナポレオン

・革命戦争で功績をあげたナポレオンが人気を集めた

　→クーデタで政治の実権を握る

　→革命で宣言された理念を保障する❾＿＿＿＿＿をまとめる

　→徴兵制による国民軍を創設するなど，諸改革をすすめる

・1804年，ナポレオンは国民投票で皇帝となる＝❿＿＿＿＿＿

　→征服戦争に乗り出し，ヨーロッパ大陸のほぼ全域を支配

　→⓫＿＿＿＿＿＿経済に打撃を与えるため大陸封鎖を実施

　　→大陸諸国の経済に打撃を与える結果となり，ナポレオンへの反発をよぶ

　→1812年，大陸封鎖を破った⓬＿＿＿＿＿に遠征したが敗れる

・1813年，ナポレオンはヨーロッパ諸国との戦いに敗れて退位し，⓭＿＿＿＿＿＿に流される

・1815年，ナポレオンは⓭を脱出して皇帝に復位したが，ふたたび敗れ，⓮＿＿＿＿＿に流される

Kotoba (ことば)
徴兵制　原則として，すべての成年男子に兵役を課す制度(国民皆兵)。

問1 図**A**は革命前のフランスのどのような状況を風刺しているだろうか。それぞれの身分について考えてみよう。

```


```

問2 図**A**の右下に描かれている洋梨は「お人好し」を意味する。この絵の中でお人好しは誰か。

（　　　　　　　　　　　　　　　）

問3 図**A**右側にある切り株は楢（オーク，正義の象徴）であり，正義が失われていることを示している。この場合の正義とはどのようなことをさすか。考えてみよう。

```


```

問4 図**B**で牢獄を襲撃しているのはどのような人々か。　（　　　　　　　　　　　　）

問5 図**B**で牢獄を襲った理由を考えてみよう。

```


```

問6 図**B**のできごとがあったのは1789年7月14日であるが，現在この日はフランスの革命記念日（フランス国民祭）となっている。なぜこの事件がフランス革命の始まりとされるか考えてみよう。

```


```

☑ **チェックポイント** ━━━━━━━━━━━━━━━━━━━━━━━━━━━━━━

①すべての人の自由と平等，政治の主体は国民にあることをうたった革命中の宣言

・・（　　　　　　　　　　　）

②恐怖政治をおこなったジャコバン派の政治家・・・・・・・・・・・・・・・（　　　　　　　　　）

③フランス革命で処刑されたフランス王・・・・・・・・・・・・・・・・・・・・・（　　　　　　　　　）

⑦ 自由主義とナショナリズムが広まった

1　ウィーン体制の成立

・1814年，❶_____の外相❷_____

の主導でウイーン会議が開催された

→経過：各国の利害が対立して討議がすすまず，「❸_____，

されどすすまず」といわれた

　基本理念：❹_____主義＝ヨーロッパをフランス革命前の状態に戻

　す

　結果：フランスで王政が復活。革命の影響をおさえこむための国際条約

　が結ばれた

2　ラテンアメリカの独立

・フランス領サン=ドマングでアフリカ系奴隷が蜂起

　→1804年，❺_____として独立

・スペインの植民地…❻_____(植民地生まれの白

人)の主導で独立戦争をおこす

　→❼_____が独立を支持したこともあり，1825年までにラ

テンアメリカの大半の地域が独立を達成

・ポルトガル領の❽_____も1822年に独立

3　「諸国民の春」

(1)　ウィーン体制下のヨーロッパ

・国民国家をつくろうとする❾_____(国民主義)の運動や

政治参加や自由な経済活動を求める❿_____の運動がおこる

(2)　フランスの革命

・1830年の⓫_____では，パリの民衆が蜂起し国王を退位させる

・1848年の⓬_____では，普通選挙を求めるパリの労働者が

立ちあがり臨時政府が成立＝⓭_____

(3)　「諸国民の春」…⓫⓬の影響

・ウィーンとベルリンで⓮_____がおこり，❷が失脚

・各地で革命運動や独立運動がおこったが，最終的には鎮圧される

(4)　第二帝政の成立と崩壊

・フランスではルイ=ナポレオンが国民投票で皇帝⓯_____

_____となる(第二帝政)

・プロイセン=フランス(普仏)戦争で大敗すると第二帝政は崩壊し，その後，

⓰_____の憲法が成立

Kotoba (ことば)
国民国家　文化・言語・宗教・歴史を共有する国民を主権者とする国家体制。

Kotoba (ことば)
ナショナリズム　国家や民族の統一・独立・発展を進める主義・運動。国家主義，国民主義，民族主義などと訳される。

Kotoba (ことば)
自由主義　政治・経済や個人の思想・活動の自由を主張する立場。

14

考えてみよう

タレーラン
ロシア皇帝
アレクサンドル1世

問1 図Aの中央で踊っているロシア皇帝にはどのような功績があったのだろうか。教科書p.41を参照して考えてみよう。

問2 図Aの左端でフランスのタレーランが様子をうかがっているのはなぜか考えてみよう。

問3 図Aは何を風刺しているだろうか。

問4 図Bは七月革命を描いたものだが，ここに描かれた左端の白い服装の人物と，左から2番目の黒い服装の人物はそれぞれどのような階層だろうか。

　　　白い服装の人物（　　　　　　　　　　）　　黒い服装の人物（　　　　　　　　　）

問5 図Bに描かれたたくさんの死体は何をあらわしているだろうか。

✓**チェックポイント**

①ウィーン会議によって成立したヨーロッパの国際秩序……………（　　　　　　）

②ウィーン会議を主導したオーストリア外相…………………………（　　　　　　）

③フランス領サン=ドマングが1804年に独立を達成した国……………（　　　　　　）

④ラテンアメリカにおけるスペイン植民地生まれの白人……………（　　　　　　）

⑤1852年に国民投票でフランス皇帝になった人物……………………（　　　　　　）

⑧ イギリスの影響力が世界におよんだ

1 「世界の工場」イギリスと自由貿易

・19世紀はイギリスを中心とした世界的な分業体制（近代世界システム）の成立した時代＝「（❶ _____ ）」

・産業革命後のイギリス：産業資本家の利益を優先する政策

1833年 ❷ _____ の中国貿易独占を廃止

→❸ _____ 貿易が自由競争制になり，❸の価格が低下

19世紀なかば　安価な輸入穀物に高額関税を課していた❹ _____ 法を廃止。イギリス船の貿易活動を有利にしていた❺ _____ 法を廃止

→自由貿易体制確立

農産物や工業原料を輸入して工業製品を輸出

＝「❻ _____ 」

→❼ _____ のシティが世界の通商・金融の中心になる

・❽ _____ （貴族・地主階級）を中心に政治・社会の改革実施

→3度にわたる❾ _____ により選挙権が拡大

初等教育法や労働組合法などの法整備

→❿ _____ の母国として，他国のモデルとなった

・二大政党による議会政治

→保守党…⓫ _____ が2度首相となり，労働者のための福祉政策と帝国の拡大を同時に追求した

自由党…⓬ _____ が4度首相となり，第3次選挙法改正などの政治改革につとめた

2 輸送革命と情報革命

・輸送革命

→1869年 ⓭ _____ 運河が開通→アジア航路の短縮

アメリカの⓮ _____ が開通

イギリスの資本輸出により世界各地で鉄道建設がすすむ

→「八十日間世界一周」も可能になる

・情報革命

→海底⓯ _____ ケーブルにより，情報面での世界の一体化がすすむ

→イギリスとインドは⓯によって5時間で結ばれる

1871年には長崎も国際電信網につながる

1900年，世界の海底ケーブルは延べ約30万kmにおよぶ

Kotoba（ことば）
関税　輸入品にかける税。自国の産業を保護するために高額の関税を課す場合，これを保護関税とよぶ。また，そのような貿易を保護貿易とよぶ。

Kotoba（ことば）
自由貿易　保護貿易に対して，自由競争にもとづく貿易をさす。

---

　p.15 クイズの答え　③

問1 図**A**のスエズ運河は何のためにつくられたのだろうか。

問2 イギリスはなぜスエズ運河株式会社を買収したのだろうか考えてみよう。

問3 図**B**は何のようすだろうか。　　　　　　　　　　（　　　　　　　　　　）

問4 イギリスはなぜ図**B**を開催したのだろうか。

✓**チェックポイント**

①イギリスを中心とした世界的分業体制・・・・・・・・・・・・・・・・・・・・・・・・・・・・・（　　　　　　　　）

②1877年にインド皇帝になったイギリスの女王・・・・・・・・・・・・・・・・・・・・・・・（　　　　　　　　）

③イギリスの支配層であった貴族・地主階級・・・・・・・・・・・・・・・・・・・・・・・・・・（　　　　　　　　）

④『八十日間世界一周』を著したフランスの作家・・・・・・・・・・・・・・・・・・・・・・（　　　　　　　　）

⑤運河や鉄道建設によって世界の交通が大きく変わり，世界の一体化がすすんだこと

・・・（　　　　　　　　）

⑨ イギリスに追いつき，追いこせ

Kotoba(ことば)
ロシアの南下政策　海外進出をめざしたロシアは，不凍港を求めて南方への進出をはかった。

Kotoba(ことば)
農奴　財産を所有し，結婚をするなどの権利はあるが，移転の自由がなく，土地に縛られて領主に所有された農民。

Kotoba(ことば)
イタリア統一戦争　イタリア統一をめざしたサルデーニャ王国がフランスのナポレオン3世と同盟を結んでオーストリアと戦った戦争。ナポレオン3世の変心によって戦争は中断した。

1　クリミア戦争と後発国の近代化

・ロシアは南下政策をすすめ，1853年にオスマン帝国に宣戦＝❶＿＿＿＿＿＿
　　　　　　戦争
　→イギリス・フランスが介入したためロシアは敗北

2　ロシアの近代化

・❶戦争の敗北後，❷＿＿＿＿＿＿＿＿＿＿＿の発布など改革が実施される
・しかし，ポーランドで反乱がおこると改革は中断され，ふたたび専制政治が強化される
　→改革派による皇帝暗殺事件がおこるなど，不安定な社会状況

3　イタリアとドイツの統一

(1) イタリアの統一
・サルデーニャ王国による統一運動
　首相❸＿＿＿＿＿＿＿＿＿のもとで工業化に成功
　→❸はナポレオン3世の支援を取りつけ，❹＿＿＿＿＿＿＿＿に宣戦→イタリア北中部を併合
・義勇軍を率いた❺＿＿＿＿＿＿＿＿＿が両シチリア王国を征服
　→サルデーニャ国王に献上。1861年，❻＿＿＿＿＿＿＿＿成立

(2) ドイツの統一
・プロイセン王国による統一
　プロイセン王国の首相❼＿＿＿＿＿＿＿＿がオーストリアを排除したドイツ統一を主導
　→プロイセン＝❽＿＿＿＿＿＿＿＿(普墺)戦争(1866)に勝利
　　→ドイツ北部を統一
　→プロイセン＝❾＿＿＿＿＿＿＿(普仏)戦争に勝利
　　→1871年，❿＿＿＿＿＿＿＿成立
・統一後のドイツ
　プロイセン国王がドイツ皇帝を兼任する連邦制
・オーストリアの動向
　ドイツ統一から排除され，⓫＿＿＿＿＿＿＿
　　　　　帝国を形成

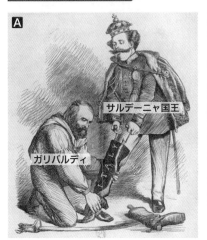

A
サルデーニャ国王
ガリバルディ

B
ドイツ皇帝
ヴィルヘルム1世
ビスマルク

問1 図**A**の長靴はどの地域をさしているか。　　　　　　（　　　　　　　　　　　）

問2 ガリバルティが征服してサルデーニャ国王にささげたのはどの地域か。

（　　　　　　　　　　　）

問3 ドイツ帝国の成立が宣言された図**B**の場所はどこだろうか。また，それはどこの国にあるか。

場所（　　　　　　　　　　　）　　国（　　　　　　　　　　　）

問4 ドイツ皇帝の即位式を**問3**の場所でおこなったのはなぜだろうか。考えてみよう。

問5 フランスを破ってドイツ統一が達成されたことで，国際関係でどのような変化がおこったか，考えてみよう。

✅ **チェックポイント**

①1853年にロシアがオスマン帝国に宣戦し，イギリス・フランスが介入した戦争

……………………………………………………………………（　　　　　　　　　　　）

②1861年にロシアで農民の自由を認めた法令……………………（　　　　　　　　　　　）

③イタリア統一に貢献したサルデーニャ王国の首相……………（　　　　　　　　　　　）

④ドイツ統一に貢献したプロイセン王国の首相…………………（　　　　　　　　　　　）

⑩ アメリカは内乱を経て国民統合をはたした

1 大陸国家への道

・西部開拓

→領土を西方に拡大…開拓最前線＝❶　　　　　　　　　　　　　　が西に移動

　※先住民を圧迫しながら西部開拓をすすめる

→1848年にカリフォルニアで金鉱発見

　→❷　　　　　　　　　　　　　　　で移住に拍車

・南北対立

→南部：プランテーション経営中心で❸　　　　　　　貿易を主張

　北部：商工業を中心とし，高い関税を課す❹　　　　　　貿易を主張

2 南北戦争

・奴隷制の拡大阻止を求める❺　　　　　　　　　　　が北部を地盤として結成

・1860年に❺の❻　　　　　　　　　　が大統領に当選

→南部諸州が合衆国を離脱し，南北戦争（1861 〜 65）が勃発

・1863年，❻が❼　　　　　　　　　　　　　　を発布

→国内外の世論を味方につけた北部が勝利

3 経済発展と奴隷解放

・1869年，最初の❽　　　　　　　　　　　　　が開通。機械・鉄鋼・石油

などの重工業が発展し，19世紀末にはアメリカは世界一の工業国となる

→急速に増加した❾　　　　　　　　が工業化の進展を労働力として支える

・アフリカ系アメリカ人は奴隷から解放されたが，社会的・経済的格差が存

在し，合法的におこなわれた❿　　　　　　　　　　　　は人種差別

の一因となる

4 アジア太平洋政策

・1890年に❶の消滅を宣言

→アジア太平洋地域への進出

　1898年，⓫　　　　　　　　　　　　　（米西）戦争

　→プエルトリコ・グアム・フィリピンを獲得し，キューバを事実上の保

　　護国とする。同年，ハワイ併合

　1903年，⓬　　　　　　　　　　　の建設権と永久使用権を獲得

Kotoba（ことば）
共和党　1854年に奴隷制拡大阻止と経済の近代化をすすめるために結成され，南北戦争前は北部の大半の州で多数派だった。一方，民主党は，奴隷制維持など，南部の農場主の利益を擁護していた。

A

進歩の女神

B

that government of the people,
by the people, for the people,
shall not perish from the earth.

リンカン

注目！ 吹き出し中の　　　を訳そう。
「（　　　）の（　　　）による（　　　）のための政治
を，この地上から消滅させてはならないのです。」

問1　図A左端に追い立てられている人々はどのような人々だろうか。　（　　　　　　　　　　　）

問2　図Aの中央左の幌馬車に乗って移動しているのはどのような人々だろうか。

（　　　　　　　　　　　）

問3　図Aの右に見える鉄道や電線などは何を示しているだろうか。

（　　　　　　　　　　　）

問4　図Bの空欄に入る語は何か。　　　　　　　　　　（　　　　　　　　　）

問5　リンカンが解放したのはどのような人々か。　　（　　　　　　　　　）

問6　リンカンがおこなった政策は，どのような影響をもたらしたか。

問7　なぜ，北部と南部は対立し，南北戦争がおこったのだろうか。

問8　南北戦争後のアメリカはどのように経済的に発展したか考えてみよう。

✅ **チェックポイント**

①1890年に消滅が宣言された，アメリカ合衆国の西部開拓最前線⋯⋯⋯（　　　　　　　　）

②1848年にカリフォルニアで金鉱が発見されて移住に拍車をかけたこと

⋯⋯⋯⋯⋯⋯⋯⋯⋯⋯⋯⋯⋯⋯⋯⋯⋯⋯⋯⋯⋯⋯⋯⋯⋯⋯（　　　　　　　　）

③奴隷制維持を求める南部諸州が合衆国を離脱して始まった戦争⋯⋯⋯（　　　　　　　　）

④アメリカ合衆国拡大の過程で白人による西部開拓を正当化した考え（　　　　　　　　）

⑤アメリカが永久使用権を得た，太平洋と大西洋をつなぐ運河⋯⋯⋯（　　　　　　　　）

⑪ ヨーロッパがもたらした衝撃

Kotoba(ことば)
スンナ派 ムハンマドの言行(スンナ)を正しく受け継いだ人がカリフ(後継者)となるべきと考える人々の一派。

Kotoba(ことば)
ナショナリズム 同一の言語や文化をもつ人々が一つの政治的なまとまりをもって一体感を高めようとする運動・思想。

Kotoba(ことば)
保護国 形式的には独立しているが、外交権や軍事権など権限の多くを他国に譲る、あるいは奪われている状態にある国家のこと。

1　オスマン帝国の動揺と西アジアの民族運動

(1) スンナ派の❶＿＿＿＿＿＿＿＿＿＿のもと、宗教や言語の異なる人々にもゆるやかな統治がなされていたが、ヨーロッパで❷＿＿＿＿＿＿＿＿の考えが広がり、帝国が動揺する

→バルカン半島で❷が高まり、19世紀前半に❸＿＿＿＿＿＿＿が独立

(2) アラビア半島では、❹＿＿＿＿＿＿＿時代のイスラーム回帰を主張する改革運動である❺＿＿＿＿＿＿＿運動がおこる

→アラブ人の民族意識が高まる

2　エジプトの近代化

(1) 近代化

・19世紀前半、オスマン帝国の属領であったエジプトで、総督の❻＿＿＿＿＿＿＿＿＿＿＿＿＿＿が帝国からの自立・近代国家の建設をめざす

・国内では、富国強兵・殖産興業政策をすすめる

・対外的には、領土拡張政策をとり、ヨーロッパ列強の支援を得てオスマン帝国とたたかう

(2) ❼＿＿＿＿＿＿＿の保護国化

・1869年に❽＿＿＿＿＿＿＿が完成。しかしその後、エジプトは財政難となり、1875年には❽会社の株式が❼に売却される

・1881年、軍人の❾＿＿＿＿＿＿＿が蜂起→翌年、❼軍が鎮圧

→エジプトは実質的に❼の保護国となる

3　オスマン帝国の改革

(1) 1839年、❿＿＿＿＿＿＿(恩恵改革)を実施

→ヨーロッパ諸国をモデルとする改革で、性急にすすめたため社会が混乱

(2) ⓫＿＿＿＿＿＿戦争にかかる多額の戦費で財政破綻→危機が深まる

(3) 憲法の制定

・1876年、帝国の宰相ミドハト゠パシャにより、アジア最初の憲法である⓬＿＿＿＿＿＿憲法が制定される。翌年には二院制議会も発足。

・1877年、⓭＿＿＿＿＿＿戦争で憲法停止→改革は失敗

→戦争に敗れたオスマン帝国はバルカン半島の大半の領土を失う

4　ロシアとイギリスの対立

・イランでは1796年に⓮＿＿＿＿＿＿朝が全土を統一。

1828年、ロシアとの戦いに敗れてアルメニアを割譲

→イギリスとロシアの対立が激化

考えてみよう………●

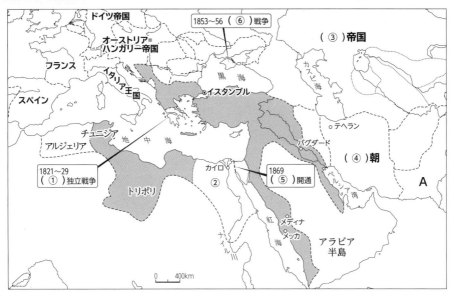

問1 上の地図は19世紀の西アジアの勢力を示している。地図上の ▨▨▨ で示されたように, アジア・アフリカ・ヨーロッパにまたがる領土をもっていた帝国の名前を答えよう。

(　　　　　　　　　　)

問2 (①) ～(④)にあてはまる地域・国の名前を答えよう。

①(　　　　　　　)　　②(　　　　　　　　)　　③(　　　　　　)帝国

④(　　　　　　　)朝

問3 ①の地域の独立戦争のきっかけとなった,「同一の言語・宗教をもつ人々が一つの政治的まとまりをもつべき」という思想をカタカナで答えよう　　　　　(　　　　　　)

問4 (1)空欄⑤にあてはまる語句を答えよう。　　　　　　　　　(　　　　　　)

(2)「A」の地域を支配している国は, ⑤の株を買収し, ②の地域も保護国とした。その国はどこか答えよう。　　　　　　　　　　　　　　　　　　　　　(　　　　　　)

問5 問1の帝国が財政破綻する原因となった, ⑥の戦争の名前を答えよう。

(　　　　　　　　　　)戦争

☑チェックポイント

①18世紀におきた, ムハンマド時代のイスラームへの回帰を訴えた改革運動

………………………………………………………………………(　　　　　　)

②オスマン帝国との戦争に勝利し, エジプトの近代化をめざした総督…(　　　　　　)

③1869年に完成し, 1875年に株式がイギリスに売却された運河…………(　　　　　　)

④1839年にオスマン帝国で実施されたヨーロッパをモデルとした改革…(　　　　　　)

⑤1876年にオスマン帝国で制定されたアジアで最初の憲法………………(　　　　　　)

⑫ 南アジア‐東南アジアの落日

Kotoba (ことば)
イギリス東インド会社
1600年にイギリス国王の特許状により設立された貿易会社。対アジア貿易を独占した。

Kotoba (ことば)
アヘン　ケシの実の皮から液汁を採取し乾燥させてつくる。鎮痛・鎮静効果をもつが、一方で依存性(中毒性)があり、使い過ぎで健康被害がおこることでも知られている。

Kotoba (ことば)
貿易黒字　貿易において、輸出額が輸入額を上回ること。

1　インド大反乱とインド帝国

(1) ムガル帝国によるインド支配→18世紀以降はヨーロッパがインドに進出

(2) 1757年の❶＿＿＿＿＿＿＿＿＿＿の戦いではイギリス東インド会社が勝利し、ベンガルを領土支配→インドのほぼ全域でイギリスの支配体制が確立

(3) 1857年：❷＿＿＿＿＿＿＿＿＿

　…❸＿＿＿＿＿＿＿＿＿(セポイ)の反乱をきっかけにおきた大反乱

　→イギリスのインド支配を動揺させたが鎮圧される→ムガル皇帝廃位

　→1877年、❹＿＿＿＿＿＿＿＿＿が成立

2　商業的開発の進展

(1) インド政庁(イギリス設置)の大規模な鉄道建設

(2) ❺＿＿＿＿＿＿＿＿政策をインドにおしつけ、インドの❻＿＿＿＿＿・茶・アヘンなどを大量に輸出→多額の貿易黒字を獲得

　→インドから毎年イギリス本国に送金した経費をまかなう重要な財源に

　→イギリスの国際収支の赤字を減らすことにも役立つ

3　東南アジアの植民地化の進展と開発

※(❼＿＿＿＿＿＿＿)を除く東南アジア全土がヨーロッパ諸国の植民地となる

(1) オランダ…18世紀末、オランダ東インド会社が❽＿＿＿＿＿＿島支配

　→1910年代に❾＿＿＿＿＿＿＿＿＿を完成させる

(2) イギリス

　・1867年、ペナン・マラッカ・シンガポールを政府直轄の❿＿＿＿＿＿＿とする→マレー半島南部に⓫＿＿＿＿＿＿＿を成立させる

　・1886年に⓬＿＿＿＿＿＿＿(現ミャンマー)をインド帝国に併合

(3) フランス…ベトナム・カンボジアを⓭＿＿＿＿＿＿とする

　→1887年、⓮＿＿＿＿＿＿＿＿＿を結成、のちラオスも編入

(4) アメリカ

　・スペインが支配していた⓯＿＿＿＿＿＿では独立の機運が高まる

　→1898年、⓰＿＿＿＿＿＿＿＿＿戦争

　→⓯は結局アメリカの植民地となる

(5) 植民地開発と移民

　・❾や⓫や⓯では、⓱＿＿＿＿＿＿＿＿経済が発展

　→世界市場向けの砂糖・コーヒー・⓲＿＿＿＿＿・錫などの生産

　・中国系移民の⓳＿＿＿＿＿やインド系移民の⓴＿＿＿＿＿が、労働者として東南アジア各地に大量流入

考えてみよう ……………

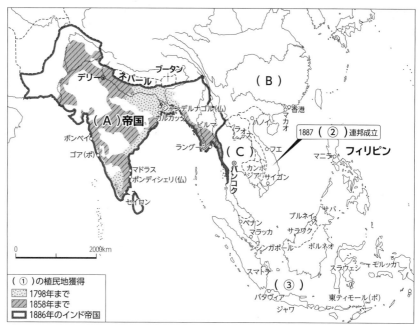

問1 地図中のA・Bの国の名前を答えよう。　A(　　　　　　　　　)帝国　　B(　　　　　　)

問2（1）地図中の①にあてはまる国名を答えよう。　　　　　　　(　　　　　　　　　)

（2）地図中の都市のなかで①の国の海峡植民地となった都市を3つ，○で囲もう。

問3　地図中の②③にあてはまる植民地地域名を答えよう。

②(　　　　　　　　　　)　　③(　　　　　　　　　　)

問4　フィリピンを植民地として獲得した国の名前を答えよう。　　　(　　　　　　　　)

問5　東南アジアの中で唯一独立を保つことができた，Cの国名を答えよう。　(　　　　　　)

問6　植民地化により東南アジアでは，単一もしくは少数の一次産品・工業原料を生産・輸出すること
に依存する経済が発展した。

（1）どのようなものが生産・輸出されたか，商品作物や鉱産物を2つ答えよう。

(　　　　　　　　　)・(　　　　　　　　　)

（2）このような経済構造を何というか答えよう。　　　(　　　　　　　　　)経済

☑チェックポイント ━━━━━━━━━━━━━━━━

①1857年に始まり，インドの幅広い階層が加わったイギリスへの反乱…(　　　　　　　　　)

②オランダがジャワ島を中心に1910年代に完成させた，植民地支配地域の名前

………………………………………………………(　　　　　　　　　)

③フランスがベトナム・カンボジア・ラオスにまたがり結成した植民地支配地域の名前

………………………………………………………(　　　　　　　　　)

④イギリスが1867年にペナン・マラッカ・シンガポールを政府直轄として成立させた植民地支配地域の
名前………………………………………………(　　　　　　　　　)

⑬ 清と日本が開港をせまられた

① アヘン戦争とアロー戦争

(1) イギリスで❶＿＿＿＿＿＿＿＿が広まる→清からの❶の輸入量が増加

　　→イギリス，インド産のアヘンを中国に密輸→❷＿＿＿＿＿＿＿貿易が成立

(2) アヘン戦争（1840 〜 1842）

　・清がアヘンの取締まり→1840年，イギリスがアヘン戦争をおこす

　　→清の敗北により，1842年に❸＿＿＿＿＿＿条約が結ばれる

　　→清は上海など5港を開港，❹＿＿＿＿＿＿島をイギリスへ割譲する

　・1843年，清はイギリスと不平等条約を結ぶ

　　…内容：❺＿＿＿＿＿＿＿＿＿の喪失，❻＿＿＿＿＿＿＿＿＿の承認

　　→その後，アメリカ・フランスとも同じ内容の条約を結ぶ

(3) ❼＿＿＿＿＿＿戦争（1856 〜 60）

　　→イギリス・フランスが清に対しておこす→清の敗北により，1858年に天

　　　津条約，1860年に❽＿＿＿＿＿＿条約が結ばれる

　　→清は天津など11港の開港を認める→欧米諸国が中国市場へ進出

② ペリー艦隊の来航と日米和親条約

(1) 清のアヘン戦争敗北→江戸幕府に衝撃→異国船打払令を緩和

(2) アメリカ，捕鯨船や船舶の寄港地として日本に関心→日本へ開港を求める

(3) ペリー来航

　・1853年，❾＿＿＿＿＿＿率いるアメリカ艦隊が❿＿＿＿＿＿に来航

　　→アメリカ大統領の国書を提出し，江戸幕府に開港を要求

　・1854年，❾がふたたび来航

　　→⓫＿＿＿＿＿＿条約を締結…日本は⓬＿＿＿＿＿＿・箱館を開港

　　→欧米諸国中心の国際秩序に日本も巻き込まれていく

③ 日本開港とその影響

(1) ⓭＿＿＿＿＿＿条約の締結（1858）

　・アメリカ総領事の⓮＿＿＿＿＿＿が，貿易を開始するため，通商条約

　　の締結を幕府にせまる→1858年，幕府は⓭条約を締結

　・条約の内容…神奈川などを開港。開港場に居留地を設置。外国人に対する

　　❻を承認。❺が日本にない→日本にとって不平等な内容

　　→オランダ・ロシア・イギリス・フランスとも同じ内容の条約を締結

(2) 欧米諸国との貿易開始…貿易額では⓯＿＿＿＿＿＿が最大規模

　・貿易額の増加にともない物価が上昇

　　→国内で幕府への批判が強まる

Kotoba（ことば）
❺のヒント　輸出入品にかける関税の率を決定できる権利。

Kotoba（ことば）
❻のヒント　外国人が罪を犯した場合に，滞在している国の裁判権に服さなくてもよい権利。

Kotoba（ことば）
異国船打払令　外国船が日本に近づいた場合は，理由を問わず武力で追い払うことを命じた法令。

　p.25 クイズの答え　①

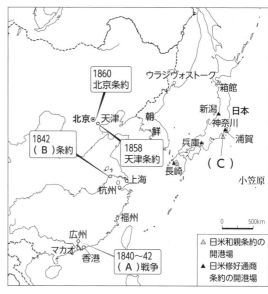

地図内の注記：
- 1860 北京条約
- ウラジヴォストーク
- 北京 ◎ 天津
- 1842 （ B ）条約
- 朝鮮
- 1858 天津条約
- 箱館
- 新潟 ▲ 日本
- 神奈川
- 浦賀
- 兵庫
- （ C ）
- 上海
- 杭州
- 長崎
- 小笠原
- 福州
- 広州
- マカオ
- 香港
- 1840～42 （ A ）戦争
- 0　500km
- △日米和親条約の開港場
- ▲日米修好通商条約の開港場

問1　地図中の空欄Aの戦争について描いた左の絵を見て答えよう。

（1）破壊されている船は木造の帆船であるが，どこの国の船か，漢字1字で答えよう。　（　　　　）

（2）右端に描かれた船は蒸気船であるが，どこの国の船か答えよう。　　（　　　　　　　）

（3）空欄Aの戦争の名前を答えよう。　　　　　　　　（　　　　　　　）戦争

（4）（1）の国の敗北後に結ばれたB条約の名前を答えよう。　　（　　　　　　　）条約

（5）（4）の条約で（1）の国から（2）の国に割譲された地域の名前を地図中から選び○で囲もう。

問2　1853年に浦賀沖に来航したアメリカ東インド艦隊司令長官の名前を答えよう。（　　　　　　）

問3　左の写真の中央にある人口の島は，問2の人物が退去後に築かれた海防用の砲台跡だが，このような砲台は何とよばれたか，漢字2字で答えよう。（　　　　）

問4　日米和親条約締結後，箱館とともに開港された，空欄Cの開港場を答えよう。　　　　　（　　　　）

問5　空欄Cは，日米修好通商条約の締結に向けて幕府に働きかけたアメリカ総領事が領事館を構えた場所でもある。この総領事の名前を答えよう。　（　　　　）

✓ **チェックポイント**

①1840年から2年間，清とイギリスの間でおこなわれた戦争の名前……（　　　　　　　）

②1856年，清とイギリス・フランスの間で始まり，1860年の北京条約で終結した戦争の名前

………………………………………………………………………（　　　　　　　）

③1853年，アメリカ艦隊を率いて浦賀沖に現れ，幕府に開港を求めた人物

………………………………………………………………………（　　　　　　　）

④1854年，③の人物の要求により幕府がアメリカと結んだ条約…………（　　　　　　　）

⑤1858年，アメリカ総領事ハリスの要求により幕府とアメリカが結んだ通商条約

………………………………………………………………………（　　　　　　　）

⑭ 清と日本は外圧に対応した

1　太平天国

(1)　民衆生活の圧迫←銀の海外流出，アヘン戦争の賠償金

(2)　❶＿＿＿＿＿＿＿＿＿＿の樹立（1851 〜 64）

・❷＿＿＿＿＿＿＿＿＿が拝上帝会を組織し勢力を広げる→清に挙兵

・1853年に南京占領→天京と改称し，❶の首都とする

→1864年に鎮圧される

2　洋務運動の展開

(1)　曾国藩・❸＿＿＿＿＿＿＿＿＿らの漢人官僚

・湘軍や准軍などの義勇軍を率いて❶を鎮圧

・軍事と科学技術の近代化をすすめる。近代的企業の創設で，経済の近代化

にも貢献→これらの改革を❹＿＿＿＿＿＿＿＿とよぶ

(2)　「❺＿＿＿＿＿＿＿＿＿＿」…中国の制度・文化を基本に西洋技術を利用

→改革の対象は軍備や産業に限定され，政治制度は清の伝統が維持される

3　尊王攘夷と幕末の動乱

(1)　開港後の日本→外国人の排斥を唱える❻＿＿＿＿＿＿＿論が高まる

→❻論と天皇を尊ぶ❼＿＿＿＿＿＿論が結びついて❽＿＿＿＿＿＿＿

運動が展開される

(2)　幕府は権威が低下，薩摩藩や❾＿＿＿＿＿＿＿藩が討幕の動きを強める

(3)　大政奉還

・1867年，15代将軍の❿＿＿＿＿＿＿＿＿が，政権を朝廷に返上する⓫

＿＿＿＿＿＿＿＿＿＿をおこなう

・⓬＿＿＿＿＿＿＿＿＿＿＿…討幕派が天皇中心の新政府の

設立を宣言

(4)　戊辰戦争

・旧幕府側の新政府への反発→1868年，鳥羽・伏見の戦いで新政府と衝突

→⓭＿＿＿＿＿＿＿＿という内戦のはじまり

・旧幕府軍や新政府に抵抗する東北・越後の諸藩が次々と屈服

・1869年，箱館で旧幕府軍が降伏→⓭が終結

4　明治維新…幕末〜明治初年の政治・社会の変革

(1)　1871年，⓮＿＿＿＿＿＿＿＿＿→藩が廃止され，中央集権的な統治が確立

(2)　徴兵令の制定・地租改正の実施

(3)　造船や鉄道，鉱山などの諸事業に欧米技術が導入される

(4)　人々の生活に西洋風の文化が摂取される…⓯＿＿＿＿＿＿＿＿といわれる

Kotoba（ことば）
徴兵令　近代的軍隊を創設するため，明治新政府が1873年に制定した法令。身分に関係なく満20歳以上の男性に兵役の義務を課した。

Kotoba（ことば）
地租改正　安定した租税収入を実現するため，新政府は1873年の地租改正条例で，土地の地価の3％を現金で納めさせる制度を整えた。

考えてみよう ……•

問1 右の写真を説明した下記の文を読み，①〜④にあてはまる言葉を選ぼう。また，A・Bに入る漢字4字をそれぞれ答えよう。

　これは，清における軍事と科学技術の近代化をめざした　A　にともない建設された兵器工場である。　A　の中心となったのは，曾国藩や（　①　）といった地方の（　②　）であった。彼らはかつて，アヘン戦争後の民衆生活の困窮を背景として，（　③　）教の影響を受け樹立された　B　を鎮圧したことでも知られている。しかしこの改革は「（　④　）」といわれるように軍備や産業に限定され，政治制度は清の伝統が維持された。

ア．義勇兵　　　　イ．官僚　　　　ウ．洪秀全　　　　エ．李鴻章

オ．イスラーム　　カ．キリスト　　キ．中体西用　　ク．扶清滅洋

A（　　　　　　　　　　）　B（　　　　　　　　　　）

①（　　　　　）　②（　　　　　）　③（　　　　　）　④（　　　　　）

問2 左の**A**は，1868年に旧幕府軍と新政府軍が京都で衝突したようすを描いたものである。ここからはじまった，新政府軍と旧幕府軍との戦いを何というか答えよう。

（　　　　　　　　　　）

問3 左の**B**は，旧幕府軍と新政府軍との最後の戦いを描いたものである。

（1）旧幕府軍で，この戦いを率いていた者は誰か。1人選ぼう。　　　　　　（　　　　　）

　　ア．高杉晋作　　イ．徳川慶喜　　ウ．榎本武揚

　　エ．勝海舟

（2）この戦いの拠点となった城郭がおかれたのはどこか。都道府県名で答えよう。　　　　　（　　　　　）

　　ア．福島県　　　イ．京都府　　　ウ．東京都

　　エ．北海道

✓ チェックポイント

①洪秀全が南京を首都として樹立した政権……………………………………（　　　　　　）

②清の地方官僚らによってすすめられた，軍事と科学技術の近代化をめざした改革

………………………………………………………………………………………（　　　　　　）

③1867年，徳川慶喜が政権を朝廷に返上した出来事……………………………（　　　　　　）

④1871年，藩が廃止され，全国に府と県がおかれた政策………………………（　　　　　　）

⑮ 日本の国境・領土が定まった

① 欧米諸国との外交

1871年，❶ _____ を大使とする使節団が欧米に派遣される

→不平等条約改正の予備交渉・欧米の法制度や産業の調査が目的だったが，
条約改正の交渉はつまずく

② 清・朝鮮との外交

(1) 1871年：❷ _____ を締結…日本にとって初の対等条約

→清との国交が開かれる

(2) 征韓論

朝鮮は清との❸ _____ 関係を守り，日本からの国交要求を拒否

→武力を用いて朝鮮に開国を迫ろうとする❹ _____ 論が高まる

→帰国した❶や❺ _____ らは，国内の政治改革優先を主張。
留守政府を預かっていた❻ _____ ・板垣退助らと対立

→❻らは政府を去り，以後❺らが政府の実権を握る

(3) 1875年：❼ _____ 事件

…朝鮮の領海を侵犯した日本の軍艦が❼付近で砲撃され，両国交戦

→1876年：❽ _____ を締結

…❾ _____ や関税免除特権を朝鮮に認めさせる不平等条約

③ 琉球をめぐる問題

(1) 江戸時代…琉球王国は❿ _____ 藩を通じて日本の支配を受ける一方，
清にも従属

(2) 1872年：日本，琉球王国を廃して⓫ _____ とする

(3) 1874年：⓬ _____ …日本，台湾に軍隊を派遣

1871年に漂着した琉球諸島の船の乗組員が台湾で殺害された事件を理由に，
日本は⓬をおこない，琉球の領有を主張

(4) 日本は琉球に対し，清への朝貢の禁止や明治年号の使用をおしつける

→琉球は清に支援を求め，清の駐日公使が日本へ抗議

→1879年：⓭ _____ …日本，軍隊を琉球に送り首里城を接
収。⓫を改め⓮ _____ をおく

④ 国境の画定

(1) 1875年：⓯ _____ を締結

→樺太はロシア領，千島全島は日本領となる

(2) ⓰ _____ 諸島…米英との交渉→1876年，日本の領有が確認される

Kotoba（ことば）
❸のヒント　貢物をもって来訪した周辺地域の首長に，皇帝が爵位や王号を与えて君臣関係を結ぶこと。

Kotoba（ことば）
❻のヒント　薩摩藩出身で，討幕運動を主導し，戊辰戦争では参謀をつとめた。

Kotoba（ことば）
❾のヒント　外国人が罪を犯した場合に，滞在している国の裁判権に服さなくてもよい権利。

Kotoba（ことば）
首里城　琉球王国の国王の居城として用いられた城。

問1　右の写真は1871年欧米に派遣された使節団の写真である。この使節団は何を目的として海外へ出発したか，「不平等」「調査」という語句を使って，2点説明しよう。

問2　写真のA・Bにあてはまる人物名をそれぞれ下の選択肢から選ぼう。

A：この使節団の大使を務めた人物である。　　　　　　　　　　　　　　（　　　　）

B：薩摩藩出身で，のちに政府の実権を握ることになる人物である。　　　（　　　　）

ア．木戸孝允　　　イ．大久保利通　　　ウ．西郷隆盛

エ．伊藤博文　　　オ．岩倉具視　　　カ．板垣退助

問3　この使節団に参加せず留守政府を預かっていた人物を，上から2人選ぼう。（　　・　　）

問4　この使節団について説明したもののうち，誤った内容を1つ選ぼう。（　　　　）

ア．この使節団に同行した津田梅子は，のちに女子英学塾をつくり，女子教育の発展に努めた。

イ．この使節団は約2年かけて諸国を回り，欧米のすすんだ文明を目の当たりにした。

ウ．この使節団とアメリカとの交渉で，日本は関税自主権の回復に成功した。

問5　日朝修好条規は，朝鮮の領海を犯して測量をおこなった日本の軍艦が砲撃され交戦した事件を機に締結された。この事件の名前に含まれている島の名前を地図から選び，○で囲もう。

問6　（1）樺太・千島交換条約は日本とどこの国が結んだ条約か答えよう。　　　　　　　　　（　　　　　　　　）

　　　（2）（1）の条約によって日本の領有が決まった地域はA・Bのどちらか答えよう。　　　（　　　　　　　　）

問7　1876年，日本の領有が正式に確認されたCの諸島の名前を答えよう。　　　　　　　　　（　　　　　　　　）

問8　1879年，日本は軍隊の力を背景に首里城を接収し沖縄県を設置した。このことを何というか，漢字4字で答えよう。　　　　　　　　　　　　　（　　　　　　　　）

問9　日本にとって初の対等条約は何か答えよう。　　　　　　　　　　（　　　　　　　　）

✓チェックポイント

①1871年に日本から欧米に派遣された使節団の大使を務めた人物………（　　　　　　　　　）

②1876年に日本が朝鮮と結んだ，日本に有利な内容の不平等条約……（　　　　　　　　　）

③1879年，日本が軍隊の力で琉球藩を廃し，沖縄県を設置した出来事…（　　　　　　　　　）

⑯ 日本も立憲国家となった

1 立憲国家への動き

(1) 1874年, ❶_____らが❷_____を政府に提出し, 国会開設を要求。各地で❸_____運動はじまる

→❶らは, 高知県で❹_____を設立

→これを機に全国で政治結社が結成され, ❸運動は盛りあがりをみせる

(2) ❸思想は様々なメディアに紹介される

例:『横浜毎日新聞』『郵便報知新聞』などの新聞,『明六雑誌』などの雑誌, 演説会や政治小説などの新しいメディア

(3) 政治結社では憲法私案(私擬憲法)が数多く作成される

(4) 1881年:❺_____…政府は1890年の国会開設を約束

→❶を党首とする自由党, ❻_____を党首とする立憲改進党などが結成される

2 立憲体制の実現

(1) ❼_____らがヨーロッパに派遣される

→君主権の強い❽_____の憲法・法体制や政治体制を学ぶため

→帰国した❼のもと, ❾_____らを中心に, ❽人顧問の❿_____らの助言を受けつつ, 憲法草案の作成がすすむ

(2) 1889年:⓫_____(明治憲法)が発布

→天皇の定める憲法(=⓬_____)として発布される

(3) 憲法の特色

・天皇を最高の統治者とし, ⓭_____が設けられる

・国会は⓮_____と衆議院の二院制。衆議院は国民の選挙により議員を選出

・ヨーロッパの法をモデルに, 民法・刑法・商法などの諸法典を編纂

3 代議制の確立

(1) 1890年, 第1回衆議院議員選挙実施

→選挙権は直接国税を⓯_____円以上おさめる満⓰_____歳以上の⓱_____に限られる

→有権者は全人口の⓲_____%で多くは農村の地主

(2) 1890年, 第1回⓳_____が開かれる

(3) 地方制度の整備

・1888年市制・町村制, 1890年府県制・郡制の公布

・地方議員の選出→地方議会が運営される

Kotoba(ことば)
『横浜毎日新聞』 1870年に創刊された, 日本初の日刊新聞。

Kotoba(ことば)
『郵便報知新聞』 1872年に創刊された新聞。のちに大隈重信らによって買収され, 立憲改進党の機関紙となった。

Kotoba(ことば)
『明六雑誌』 1874年に創刊された学術雑誌。1873(明治6)年に結成され, 福沢諭吉ら多くの知識人が参加した「明六社」によって発刊された。

第一条　大日本帝国ハ万世一系ノ　A　之ヲ統治ス

第三条　　A　ハ神聖ニシテ侵スヘカラス

第四条　　A　ハ国ノ元首ニシテ統治権ヲ総攬シ此ノ憲法ノ条規ニ依リ之ヲ行フ

第十一条　A　ハ陸海軍ヲ統帥ス

第二十九条　日本臣民ハ法律ノ範囲内ニ於テ言論著作印行集会及結社ノ自由ヲ有ス

第三十三条　帝国議会ハ貴族院衆議院ノ両院ヲ以テ成立ス

問1　上の史料は1889年に発布された憲法の条文である。

（1）　この憲法の名前を，漢字7字で答えよう。　　　　　　（　　　　　　　　）

（2）（1）の憲法を作成する際，顧問として助言をおこなったドイツ人の名前を選ぼう。（　　　　）

　　　　ア．ビゴー　　　イ．ロエスレル　　　ウ．ベルツ　　　エ．ビスマルク

（3）　下の説明文と条文の内容を参考に，　A　に入る語句を漢字2字で答えよう。（　　　　）

　　　この憲法は，　A　によって制定された「　B　憲法」として発布された。

（4）　　B　に入る語句を漢字2字で答えよう。　　　　　　　（　　　　　　）憲法

（5）　条文の内容を参考に，この憲法の特色として誤っているものを1つ選ぼう。　（　　　　）

　　ア．　A　が最高の統治者とされる

　　イ．国民は法律の範囲内で言論・集会や結社などの自由をもてる

　　ウ．　A　が陸海軍の統帥権をもつ

　　エ．議会は，参議院と衆議院の両院をもって成立する

問2　1890年，日本で初めて開かれた議会の名前を上の史料から探して，
漢字4字で答えよう。　　　　　　　（　　　　　　　　　　）

問3　右の絵は問2の議会が開かれる前におこなわれた選挙のようすで
ある。何という選挙か答えよう。　（　　　　　　　　　）議員選挙

問4　この時の有権者は，日本の全人口の約何％であったか選ぼう。

　　ア．1.1％　イ．5.5％　ウ．20.0％　エ．48.7％（　　　　　　）

☑**チェックポイント**

①各地で展開された，民権の拡大をめざす運動⋯⋯⋯⋯⋯⋯⋯⋯（　　　　　　　　）

②1881年に政府が出した，1890年の国会開設を約束する勅諭⋯⋯⋯⋯（　　　　　　　　）

③1889年発布の憲法で定められた，最高の統治者としての天皇がもつさまざまな権限

⋯⋯⋯⋯⋯⋯⋯⋯⋯⋯⋯⋯⋯⋯⋯⋯⋯⋯⋯⋯⋯⋯⋯⋯⋯⋯（　　　　　　　　）

⑰ 「可能なら，惑星をも併合したい」

1 帝国主義の成立

(1) 第2次産業革命

・19世紀末，欧米諸国で，鉄鋼・石油化学・電機などの❶＿＿＿＿＿＿＿＿＿＿
工業が発展(第2次産業革命)→国内市場を独占する大企業の出現

・ドイツ・アメリカでは，大銀行が巨額の資金を貸しつけて産業を支配する
❷＿＿＿＿＿＿＿＿＿＿＿＿＿が形成，巨大財閥が誕生

(2) 欧米諸国の膨張主義

・欧米諸国は，工業製品の市場や原料供給地，❸＿＿＿＿＿＿＿＿＿＿＿先を
求めて，アジア太平洋地域やアフリカに植民地や勢力範囲を拡大
→このような膨張主義を❹＿＿＿＿＿＿＿＿＿＿とよび，その対外政策は
❺＿＿＿＿＿＿＿＿＿＿とよばれる

(3) 列強による世界分割

・欧米列強は，圧倒的に優位な軍事力を背景に世界を次々と分割

・日本も，日清戦争を通じてこの領土分割競争に参入

2 分割されるアジア・アフリカ

(1) イギリス

・19世紀末，工業生産力がドイツやアメリカに追い抜かれる

・一方，「世界の銀行家・海運業者」として，世界経済を支配し続ける
→ロンドンの❻＿＿＿＿＿＿＿＿は金融・保険・海運業で世界的に優位を保つ

・スエズ運河株を買収，インドへの道を確保
→1877年，❼＿＿＿＿＿＿＿＿＿＿＿＿＿＿＿を女帝とするインド
帝国の成立

・エジプトとケープ植民地を起点にアフリカの植民地を拡大
→1899年，金とダイヤモンドの支配をねらい，❽＿＿＿＿＿＿＿＿＿
戦争をおこす

(2) フランス(第三共和政)

・ロシアやオスマン帝国に多額の資本投下

・1880年代にチュニジアやインドシナを植民地とする

・1890年代にサハラ砂漠以南の広大な地域を植民地とする

(3) ドイツ

・❾＿＿＿＿＿＿＿＿＿＿＿＿＿＿＿による積極的な対外政策
→バグダード鉄道建設により，イギリス・ロシアと対立

Kotoba (ことば)
財閥 巨大な独占的資本家・企業家の集団。一族が所有支配する多角的事業経営体。

考えてみよう

A

アフリカの地図

ビスマルク

問1 写真**A**について，この会議に参加しているのは，どのような地域の人々だろうか。

（ 　　　　　　　　　　　　　　　　　　　　　 ）

問2 図**B**を見て，アフリカ大陸について現在の地図と比べてみて，気づいたことを書こう。

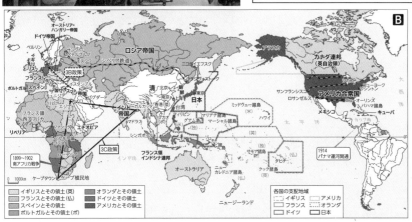

B

問3 図**B**を見て，この世界地図からどのようなことがわかるだろう。人々の移動手段として何が重要視されていたかにも注目しよう。

問4 資本輸出は，世界の諸地域をどのように変えたのだろう。地域ごとに整理してみよう。

✓ チェックポイント

①19世紀末の欧米諸国で，鉄鋼・石油化学・電機などの重化学工業が発展したこと

……………………………………………………………………………………………（ 　　　　　 ）

②19世紀末から，列強各国が工業製品の市場や原料供給地，資本輸出先を求めた海外進出

……………………………………………………………………………………………（ 　　　　　 ）

③「可能なら，惑星をも併合したい」といったイギリスのケープ植民地首相

……………………………………………………………………………………………（ 　　　　　 ）

Q クイズ ヴィルヘルム2世の独特な髭は，当時日本でも大流行したが，何というか？
①カイゼル髭　②プロペラ髭　③カストロ髭

⑱ 日本は，初の大規模な対外戦争をおこした

Kotoba (ことば)
❶のヒント　輸出入品にかける関税の率を自国が決める権利。

Kotoba (ことば)
❷のヒント　居留地での外国領事による裁判権（を認めていること）。

Kotoba (ことば)
宗主国　他国の内政・外交を管理する機能を宗主権といい，その特殊な支配力をもった国を宗主国という。

1 条約改正

(1) 日本の条約改正のねらい

・❶＿＿＿＿＿＿＿＿＿＿の回復と❷＿＿＿＿＿＿＿＿＿＿の撤廃を実現する

(2) 欧米諸国の反応

・日本に近代的法制度が整っていないことを理由に，改正交渉に応じない

→1894年，日英通商航海条約の調印→❷の撤廃実現

2 日清戦争

(1) 日清間の対立

・朝鮮との関係

日本……1876年に日朝修好条規を締結（日本側に有利な不平等条約）

清………朝鮮に対しては宗主国の立場をとる

・1894年，朝鮮で農民蜂起（❸＿＿＿＿＿＿＿＿＿＿）勃発

→日清両軍は朝鮮に派兵。蜂起平定後も日本軍が朝鮮にとどまる

↓

日清両国の対立→日清戦争勃発

3 下関条約の調印（1895年）

(1) 条約の内容

・清は❹＿＿＿＿＿の独立を承認

・清は❺＿＿＿＿＿半島・台湾・澎湖諸島を日本に譲渡

・清は賠償金❻＿＿＿＿＿両を日本に支払う

・清は長江沿岸の4都市を開港する

→❼＿＿＿＿＿＿・ドイツ・フランスが❺半島を清に返還することを日本に勧告（❽＿＿＿＿＿＿＿＿）。日本はこれに応じる

(2) 台湾統治

・1895年，日本は❾＿＿＿＿＿＿＿＿＿＿を設置，台湾を武力で統治

4 中国分割

(1) ヨーロッパ諸国の中国への進出

・❼……東清鉄道の敷設権を獲得，❺半島南端の旅順・大連を租借

・ドイツ……膠州湾を租借　　　・イギリス……威海衛・九竜半島を租借

・フランス……広州湾に利権を確保

→一方，アメリカは中国における❿＿＿＿＿＿・通商上の⓫＿＿＿＿＿＿＿＿＿，領土保全などを唱えて，中国分割の動きを牽制

考えてみよう

A イギリス人 CLUB 日本人 ロシア人

B
P=ポルトガル
A=アメリカ
Be=ベルギー
租=租借地

ハルビン
東清鉄道
ウラジヴォストーク
モンゴル
南満洲鉄道
長春
奉天
山海関
張家口
朝鮮 (N) 1910
北京
1905
大連(R租) 1898・(N租) 1905
京漢鉄道
天津
旅順
漢城
黄河
済南
威海衛 (B租) 1898
山西省
山東省
青島
西安
膠州湾 (G租) 1898
津浦鉄道
長江
(B)
武昌
漢口
上海
杭州
粤漢鉄道 (A)
寧波
広西省
福建省
福州
竜州
廈門
台湾 (N)1895
広州
広東省
九竜半島(B租)1898
ハノイ
香港(B)1842
フランス領インドシナ
マカオ(P) 1887
広州湾 (F租) 1899

勢力範囲
□ 日本(N)
□ フランス(F)
□ イギリス(B)
■ ドイツ(G)
□ ロシア(R)
- - 1905年以後の日本の勢力範囲
—— 外国資本による鉄道(予定線もふくむ)
-·-·- 中国自設の鉄道
数字は進出年次
0 500km

問1 **A**が示す状況は日清戦争以前と以後のどちらだろう。以下の**問2**・**問3**に答えたあとで考えてみよう。

(　　　　　　　　　　　　　)

問2 **B**は中国の状況をあらわしている。この地図からどのようなことがわかるだろう。

問3 **B**のような状況を中国にもたらしたきっかけとなった出来事は何か。

(　　　　　　　　　　　　　)

問4 **A**は**B**と同時期のようすを風刺したものである。絵に描かれた日本人，イギリス人，それ以外の部屋でトランプをしている人々のセリフ(心の声)を想像してみよう。

| 【日本人】 |
| 【イギリス人】 |
| 【その他の人々】 |

問5 日清戦争の前後でどのような変化があったか，考えられることをまとめてみよう。

問6 日本と清はなぜ戦争をおこなったのか，考えてみよう。

✓ チェックポイント

①日本はアジアを脱して西洋諸国と行動を共にすべきという福沢諭吉の主張

……………………………………………………………(　　　　　　　　　)

②日清戦争のきっかけとなった1894年に朝鮮でおこった農民蜂起…………(　　　　　　　　　)

③三国干渉で各国が日本に対して清への返還を要求した半島……………(　　　　　　　　　)

⑲ 日露戦争に世界が注目した

1　中国の動向

(1)　1898年，❶＿＿＿＿＿＿＿＿＿＿や梁啓超ら知識人が明治維新にならった改革

（❷＿＿＿＿＿＿＿＿＿＿）をおこすも失敗

(2)　外国勢力排除を掲げる❸＿＿＿＿＿＿＿＿が勢力を広める

→清はこの動きに乗じて列強各国に宣戦布告し敗北（義和団戦争）

2　日露戦争

(1)　日本はロシアの南下をおさえるため，利害の一致するイギリスと同盟を結

ぶ（❹＿＿＿＿＿＿＿＿＿）。一方，ロシアはフランス・ドイツの支持を得る

→1904年，日露戦争開戦

(2)　日本は韓国と❺＿＿＿＿＿＿＿＿＿＿＿＿＿を結び，韓国での軍事上必要な

土地を強制的に取り上げることができるようにする

(3)　日本，兵員や弾薬不足，戦費支出も限界。一方，ロシアも革命が進行

→アメリカ大統領❻＿＿＿＿＿＿＿＿＿＿＿＿

の調停で❼＿＿＿＿＿＿＿＿＿＿＿＿＿を結ぶ

(4)　講和条約の内容

・日本の韓国に対する指導・監理権をロシアが承認する

・旅順・大連の租借権，東清鉄道支線に関する利権をロシアが日本に譲渡

・北緯50度以南の❽＿＿＿＿＿＿＿の日本への割譲

(5)　日露戦争後の日本

・多くの死傷者，莫大な戦費→国内外の公債や増税

・賠償金は得られず→国民の不満，政府批判の暴動

3　アジア諸民族のめざめ

(1)　インド：イギリスの植民地支配への反対運動

→1906年，英貨排斥，国産品愛用（❾＿＿＿＿＿＿＿＿＿＿＿），自治獲

得（スワラージ），民族教育の4綱領が国民会議で決議

(2)　イラン：1905年の❿＿＿＿＿＿＿＿をロシア・イギリスが干渉し，つぶす

(3)　オスマン帝国：1908年，ミドハト憲法復活,立憲政治を実現（⓫＿＿＿＿＿

＿＿＿＿＿＿＿＿＿）

(4)　ベトナム：フランスの植民地支配からの脱却をめざす⓬＿＿＿＿＿＿＿

＿＿＿＿＿＿＿＿＿らによるドンズー（東遊）運動

(5)　インドネシア：1912年，オランダからの独立を求め，サレカット゠イスラ

ム結成

Kotoba（ことば）
監理　監督，管理すること。

Kotoba（ことば）
東清鉄道支線　東清鉄道は，日清戦争後，ロシアが中国東北地方に敷設した鉄道。本線・支線からなり，支線のうち長春―旅順間が日露戦争後に日本に譲渡された。

考えてみよう………

B ロシア　イギリス　日本　アメリカ

『父が子に語る歴史』ネルー

日本のロシアにたいする勝利がどれ
ほどアジアの諸国民をよろこばせ,
こおどりさせたかということをわれ
われは見た。ところが, その直後の
成果は, 少数の侵略的帝国主義諸国
のグループに, もう一国をつけ加え
たというにすぎなかった。そのにが
い結果を, まずさいしょになめたの
は, 朝鮮であった。

（ネルー著, 大山聰訳『父が子に語る世界歴
史』みすず書房）

問1　図Aを見て, 19世紀末から20世紀初頭
　　　の世界情勢を示す絵でタコの足の動きは何
　　　をあらわしているのだろう。

問2　図Aと図Bを見て, 日露戦争はどのよう
　　　な戦争といえるか, 考えてみよう。

問3　ネルーの『父が子に語る歴史』を読んで, この部分はどのよう
　　　な歴史的事実をいっているか, 考えてみよう。

☑ **チェックポイント**

①1898年, 康有為や梁啓超ら中国の知識人がおこした国内改革運動……（　　　　　　　　）

②19世紀末からロシアがとった世界政策……………………………………（　　　　　　　　）

③日露戦争の際, 戦地にいる弟を思って詠んだ詩「君死にたまふこと勿れ」の作者

………………………………………………………………………………（　　　　　　　　）

Qクイズ　与謝野晶子の生家が営んでいた商売は何か？　　　①材木商　　②鍛冶屋　　③菓子商　　**39**

⑳ 韓国は植民地となり，清は倒れた

① 韓国併合

(1) 1904年，第1次❶＿＿＿＿＿＿＿＿＿＿

・韓国政府に日本が推薦する財政・外交顧問をおく

(2) 1905年，第2次❶（韓国保護条約）

・日本は韓国の外交権を奪う

・漢城（現ソウル）に❷＿＿＿＿＿＿＿＿をおき，初代統監に❸＿＿＿＿＿＿＿

　　　＿＿＿＿＿が就任する

(3) 韓国皇帝❹＿＿＿＿＿＿＿は，ハーグ万国平和会議に使節を派遣

・日本の支配を国際会議の場で訴えようとしたが失敗

(4) 1907年，第3次❶＿＿＿＿＿＿＿＿

・日本は韓国の内政権を奪い，韓国軍を解散させる

　→日本に抵抗する❺＿＿＿＿＿＿＿＿＿が韓国各地に拡大

(5) 1910年，❻＿＿＿＿＿＿＿＿条約

・前年に，❸が韓国の義兵運動家❼＿＿＿＿＿＿＿に中国のハルビンで暗

　殺される

・漢城を京城と改め，❽＿＿＿＿＿＿＿＿＿＿＿をおき，憲兵警察制度に

　よって，朝鮮の民衆を厳しく取締まる

② 日本の中国進出と日米の対立

(1) 1906年，❾＿＿＿＿＿＿＿＿＿＿設置

・旅順・大連の租借地＝❿＿＿＿＿＿＿＿を統治

・半官半民の⓫＿＿＿＿＿＿＿＿＿＿株式会社（満鉄）を設立。鉄道のほ

　か，鉱山なども経営

(2) ロシアとは4次にわたる⓬＿＿＿＿＿＿＿＿で，東北地域・内モンゴ

　ルにおける両国の権益の確認

　→中国における門戸開放を唱えるアメリカの反発

③ 中国の辛亥革命と中華民国の成立

(1) 清は日露戦争後，立憲国家へ移行する方針を立て，1908年に憲法大綱公布

(2) 清の打倒をめざす革命運動が始まる

　→⓭＿＿＿＿＿＿は1894年，ハワイで革命結社興中会を組織

　　1905年，東京で中国同盟会を創設。⓮＿＿＿＿＿＿＿＿＿＿を掲げる

(3) 1911年，⓯＿＿＿＿＿＿＿＿＿はじまる

・1912年，⓭を臨時大総統とする⓰＿＿＿＿＿＿＿＿＿誕生

・⓭は⓱＿＿＿＿＿＿と妥協し，宣統帝溥儀を退位させる→清の滅亡

Kotoba（ことば）
満鉄　長春・旅順間の鉄道およびその支線のほか，撫順の炭鉱や付属事業の経営をおこなう一大コンツェルン。満洲支配の中心となった国策会社。朝鮮における東洋拓殖会社も朝鮮の植民地支配の中心となった国際会社である。

Kotoba（ことば）
⓮のヒント　民族の独立（清は満洲人の王朝を打倒し，漢民族の国家をつくる），民権の伸張（共和国の樹立），民生の安定（国民生活の安定）

p.39 クイズの答え　③

考えてみよう ……………●

問1 韓国皇帝高宗が，オランダのハーグで開かれた万国平和会議に使節を派遣し，日本の支配の不当を国際会議の場で訴えようとしたが失敗したが，それはなぜか，考えてみよう。

問2 写真**A**を見て，次の問いに答えよう。

（1） ❶の建物を建てた日本の政府の意図を考えてみよう。

（2） ❶の建物は1996年に解体・撤去されたが，それはなぜか考えてみよう。

問3 写真**B**を見て，韓国の人たちが抱く感情を想像してみよう。

✅チェックポイント

①第2次日韓協約で，日本は韓国の外交権を奪い，韓国を保護国としたが，その支配のために韓国におかれた官庁…………………………………………………………………………（　　　　　　　　　　）

②1910年，日本が韓国を植民地とした韓国併合条約によって，京城(漢城)におかれた支配のための官庁
…………………………………………………………………………（　　　　　　　　　　）

③1906年，旅順・大連の租借地(関東州)を支配するために旅順におかれた官庁
…………………………………………………………………………（　　　　　　　　　　）

㉑ 糸がささえた産業革命

１　日本の産業革命

- 18世紀ころから商品生産が活発になり，全国的な市場経済が発達。また，綿織物や絹織物などでは❶＿＿＿＿＿＿＿＿＿工業が発達
- 19世紀末から20世紀はじめの短時間で，❷＿＿＿＿＿＿＿の工業生産が発展＝日本の❸＿＿＿＿＿

２　紡績業と製糸業

- 綿糸を生産する❹＿＿＿＿＿＿＿，生糸を生産する❺＿＿＿＿＿＿で日本の❸は進展
- 1883年，❻＿＿＿＿＿＿＿らによる❼＿＿＿＿＿＿＿操業開始
  →関西中心に紡績会社が続々とできる
- 長野・山梨・岐阜などに❽＿＿＿＿＿＿＿の工場が設立される。やがて，その生産量は❾＿＿＿＿＿＿＿を上回る
- 1909年，日本の生糸の輸出量が❿＿＿＿＿＿を抜き世界第１位
- 農村出身の女性労働者は劣悪な環境のなか，低賃金・長時間労働を強いられる

３　重工業の形成

- 1897年，⓫＿＿＿＿＿＿＿設立
- 鉱山は，⓬＿＿＿＿＿＿＿の高島炭鉱や三井の⓭＿＿＿＿＿＿鉱山など，官営事業の払い下げを受けた財閥が経営
- 鉱山は増産をすすめる一方，鉱害対策を軽視したため，⓮＿＿＿＿＿鉱毒事件のような公害問題も発生

４　労働運動と社会主義運動

(1) 労働運動

- 1897年，⓯＿＿＿＿＿＿＿結成
  →⓰＿＿＿＿＿＿＿・片山潜ら
- 政府は，1900年，⓱＿＿＿＿＿＿制定
  →集会・結社・言論の自由をきびしく制限し，労働運動を取りしまる
- 1911年，⓲＿＿＿＿＿制定
  →労働者保護を目的とするも，工場主に有利な内容

(2) 社会主義運動

- 1901年，最初の社会主義政党である社会民主党結成→政府が弾圧
- 1910年，⓳＿＿＿＿＿
  →こののち，社会主義運動・労働運動は停滞

Kotoba (ことば)
官営事業の払い下げ　松方財政のころなどに，政府から特権を与えられた一部の商人に安く払い下げをし，彼らがのちに財閥となる基礎を築いた。

Kotoba (ことば)
労働運動　労働者の団結によって，労働条件を改善しようとする運動。

Kotoba (ことば)
社会主義運動　資本主義の矛盾を批判し，生産手段を共有するなどして，社会的不平等の解消をめざす運動。

Kotoba (ことば)
⓳のヒント　天皇暗殺計画を理由に，多数の社会主義者たちが，無実の罪で検挙され，死刑となった。

p.41 クイズの答え　③

A

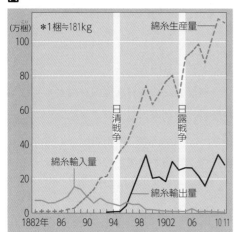

B

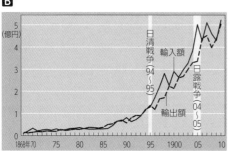

②輸出額・輸入額が同じように増えていったのはなぜか，考えよう。

問3　日本の産業革命が，短時間で成し遂げられたのはなぜか，考えてみよう。

問1　図**A**を見て，次の問いに答えよう。

①明治の初め，綿糸の多くは輸入品であった。○か×か。

（　　　　　）

②綿糸の生産量が，輸入量を上回るのは何年か。

（　　　　　　　年）

③1890年代後半に綿糸の輸出量が，輸入量を上回るよう

になった。○か×か。　　　　　　　　（　　　　　）

④1890年代に，綿糸の生産量が急激に増えている理由を

考えよう。

問2　図**B**を見て，次の問いに答えよう。

①輸入超過が続いているのはなぜだろう。

✓**チェックポイント** ━━━━━━━━━━━━━━━━━━━━

①1883年に大阪紡績会社を設立した人物……………………………………(　　　　　　　)

②1897年，日清戦争の賠償金をもとに国内製鉄業の発展をめざして設立された製鉄所

……………………………………………………………………………(　　　　　　　)

③1900年，労働運動を取りしまるために成立した法律…………………(　　　　　　　)

クイズ　渡良瀬遊水地は，2012年，ラムサール条約に登録された本州最大の湿地帯であるが，ラムサールとはどこの国の
都市名か？　　　　　　　　　　　　　　　　　　①エジプト　　②イラン　　③フランス

43

㉒ 何のために学ぶのか

① 公教育の普及

- 18世紀までの学校は，富裕層を対象としたもの
- 19世紀に，❶＿＿＿＿＿＿＿＿＿建設のため教育制度の整備がすすむ
  - →19世紀末には，義務教育制度や教員養成制度の整備がすすむ
- 国家にとって，教育は❷＿＿＿＿＿＿＿＿＿のための手段
  - →工業化の進展のための知識の高度化，勤勉で規律正しい❸＿＿＿＿
    や愛国心の強い❹＿＿＿＿＿＿の育成
- 公教育の普及→❺＿＿＿＿＿＿＿の向上
- 20世紀に入ると❻＿＿＿＿＿＿が拡大し，都市の消費生活が拡大
  - →教育は民衆の政治参加や社会的上昇を支えるものとなる一方で，政府に
    よる❼＿＿＿＿＿を受けたり，国民動員に利用される側面も
- 植民地では，富裕層を中心にエリート教育重視
  - →初等教育は普及せず，大衆の❺は低いまま
  - →公教育は，言語の統一政策につながりやすい
    …インドの民族運動では，現地語による民族教育が主張された

② 明治政府と教育

- ❽＿＿＿＿＿＿省設置
- 1872年，❾＿＿＿＿＿制定：❿＿＿＿＿＿＿＿＿＿をめざす
  - →全国を学区に分け，それぞれに小学校・中学校・大学校設置を計画
  - →就学率は上がらず
    …当時，教育は⓫＿＿＿＿＿＿＿＿のためのもの，授業料徴収
- 1886年，⓬＿＿＿＿＿＿制定→国家主義的な学校制度を整備
- 1890年，⓭＿＿＿＿＿＿発布
  - →天皇に忠義をつくし，日本国を愛する「⓮＿＿＿＿＿＿＿＿」の精神
    を国民に浸透させる
- 1900年，授業料廃止
  - →就学率の上昇→教育の国家統制強まる→教科書検定制度の実施
  - →1904年から全国の小学校で⓯＿＿＿＿＿＿＿を使用
- 1877年，東京大学(1886年より帝国大学)設立
  - →国家に必要な指導的人材を育成する高等教育機関
- ⓰＿＿＿＿＿＿の慶応義塾，⓱＿＿＿＿＿＿の同志社，⓲＿＿＿
  ＿＿＿の東京専門学校などの私立学校も次々と設立
- キリスト教主義学校(ミッション・スクール)設立→女子教育に貢献

Kotoba(ことば)
動員　戦争目的遂行のため，兵士を招集したり，資源や人間を統一的に集めること。

Kotoba(ことば)
エリート教育　優れた技能や資質をもち，将来国家や社会の指導的な地位に就く人材を育成するための教育。

　p.43 クイズの答え　②

問1 江戸時代と明治初期の学習のようすをあらわした**A・B**2つの絵を見て、それぞれの授業の特徴をとらえてみよう。さらに、明治初期の授業はどのような意図のもとでおこなわれていたか、考えてみよう。

問2 明治以降の学校や生徒のようすを写した**C・D**の2枚の写真を見て、そこから読みとれることを考えてみよう。

✓ **チェックポイント** ━━━━━━━━━━━

①近代国家は、教育をどのような手段として考えていたか……………（　　　　　　　）

②明治政府が、1872年に国民皆学をめざしてつくった制度……………（　　　　　　　）

③1890年、天皇に忠義をつくし日本の国を愛する精神を国民に浸透させるため出された勅語

………………………………………………………………………………（　　　　　　　）

④1904年から全国の小学校で使われるようになった文部省がつくった教科書

………………………………………………………………………………（　　　　　　　）

Qクイズ　学生服の生産地として知られる日本の場所はどこ？　　　①岡山　②大阪　③愛知　**45**

1　18世紀のアジアの繁栄

❓18世紀ころのアジアは，なぜ繁栄していたのだろうか。

18世紀の東アジアでは，清を中心とした❶＿＿＿＿＿＿＿・冊封体制が成立し，安定した政治体制の下で，農業が発展し，商業・手工業も発展し，交易も盛んとなり繁栄した。❷＿＿＿＿＿＿＿は，清の冊封を受ける一方，薩摩藩を通じて日本の支配を受ける両属状態であった。日本は，江戸幕府成立直後は，❸＿＿＿＿＿＿＿＿＿貿易など海外交易を積極的におこなっていたが，❹＿＿＿＿＿＿＿＿＿の広がりを恐れて，幕府が貿易を長崎で管理する「鎖国」政策をとった。

18世紀の東アジアでは，農地が拡大し，商品作物やアメリカ大陸原産の作物が生産され，商業・手工業も発展した。メキシコから流入した❺＿＿＿＿＿が国際通貨として使用された。清は18～19世紀にかけて爆発的に人口が増加し，海外移住する人々（❻＿＿＿＿＿＿＿＿＿＿）が増えた。大都市も多く生まれ，東南アジアやインドからさまざまな文物が流入した。

2　工業化の進展と国民国家の建設

❓ヨーロッパ・アメリカでは，近代化の動きはどのようにすすんでいったのだろうか。

16世紀以降，ヨーロッパ諸国は競ってアジア・アフリカ・アメリカ大陸に進出した。18世紀以降，イギリスがオランダ・フランスを破って北米に植民地を獲得し，植民地帝国を築いた。

18世紀後半，イギリスではじまった❼＿＿＿＿＿＿＿＿＿は世界を大きく変えた。イギリスで綿織物の国産化をめざした綿工業での技術革新は，世界の結びつきを大きく変えた。そして，多くの賃金労働者と，彼らを雇う産業資本家という階級が生まれ，❽＿＿＿＿＿＿＿経済が確立し，大量生産がおこなわれるようになった。産業資本家は利潤追求のため，賃金労働者を劣悪な環境で酷使した。それに対し，彼らが労働条件の改善を求めて団結する労働運動が盛んになると，富の不平等さを改め，社会全体の幸福をめざす❾＿＿＿＿＿＿＿という思想と運動が生まれた。

社会契約説の影響を受け，イギリスの植民地から独立し，近代国家を建設した最初の国がアメリカである。1775年，ワシントンを総司令官に独立戦争をおこし，翌年ジェファソンらが起草した❿＿＿＿＿＿＿は，1789年の⓫＿＿＿＿＿＿＿＿＿に影響を与えただけでなく，時代や地域をこえ，近代国家形成に多大な影響を与えた。⓫後に登場したナポレオンのヨーロッパ支配によって，革命思想はヨーロッパに広まり，各地に国民意識を目覚めさせた。19世紀前半，ヨーロッパは⓬＿＿＿＿＿＿＿というフランス革命以前の国際秩序に戻ったが，ラテンアメリカをはじめとする植民地の独立が相次いだことをきっかけに，同じ言語や宗教，文化でまとまる国民国家をつくろうとする⓭＿＿＿＿＿＿＿運動と，自由な経済活動を求める⓮＿＿＿＿＿＿＿の運動がおこった。フランスの1830年と1848年の２回の革命はヨーロッパ全体に与えた影響が大きかった。

スエズ運河とアメリカの大陸横断鉄道の開通は，世界の交通を変え（⓯＿＿＿＿＿＿＿），海底電信ケーブルの敷設は，世界の情報の一体化をすすめた（⓰＿＿＿＿＿＿＿）。

⓱＿＿＿＿＿＿＿で，イギリスの圧倒的な力を見せられた各国は，「上からの近代化」をすすめた。その結果，ロシアでは皇帝による改革は専制政治を強化させ，不安定な社会状況が生まれた。⓲＿＿＿＿＿＿・⓳＿＿＿＿＿＿＿では，国民国家形成がすすみ，1861年に⓲王

国，1871年に❶⑲帝国が誕生した。また，独立後のアメリカは，西部開拓をすすめ，先住民を圧迫しながら⑳＿＿＿＿＿＿＿＿＿＿＿＿＿＿＿をすすめた。1861～65年の南北戦争後，アメリカの工業化は進展し，19世紀末には，イギリスなどを抜いて，世界一の工業国となった。

❸ 結びつく世界と日本の開国

❓アジア諸国は，ヨーロッパ・アメリカの進出にどのように対応したのだろうか。

ヨーロッパの脅威であったオスマン帝国は，18世紀に弱体化し，属領であった㉑＿＿＿＿＿＿＿は19世紀前半に自立をはかり近代化をめざしたが，19世紀末にはイギリスの保護国となった。

インドは，19世紀なかばにはイギリスの支配体制が確立したが，1857年にシパーヒー（セポイ）による㉒＿＿＿＿＿＿＿＿＿＿＿＿＿＿がおき，これを鎮圧したイギリスは，1877年，㉓＿＿＿＿＿＿＿＿＿を成立させ，植民地とした。

1840～42年の㉔＿＿＿＿＿＿＿＿＿＿＿＿＿でイギリスに敗れた清は，欧米各国から次々と不平等条約を結ばされ，欧米諸国は中国市場へ進出し始めた。日本も，ペリー率いるアメリカ艦隊の圧力によって日米和親条約を結び下田と箱館を開港，さらに欧米諸国と不平等条約を結ぶこととなって貿易が始まり，欧米諸国中心の国際秩序に巻き込まれることとなった。これらの外圧に対し，清では㉕＿＿＿＿＿＿＿，日本では㉖＿＿＿＿＿＿＿＿＿＿＿という体制の変革を求める動きがおこり，近代化がすすめられた。㉕による改革は軍備や産業にとどまり，政治制度は変わらなかったが，㉖では，内戦を経て，それまでの幕藩体制を崩壊させ，天皇を中心とする中央集権的政府が成立した。

明治新政府は，周辺諸国との国境を画定し，さらに欧米諸国をモデルとしながら近代化政策をすすめた。急速な近代化は，民衆の側からの自由民権運動をひきおこしたが，政府は君主権の強い⑲をモデルとした㉗＿＿＿＿＿＿＿＿＿＿＿＿＿を1889年に制定した。

❹ 帝国主義とアジア諸国の変容

❓帝国主義は，世界にどのような影響をあたえたのだろうか。

19世紀末，重化学工業の発展による第2次❼がおこると，⑲やアメリカでは産業を支配する金融資本が形成され，工業製品の市場や原料供給地，金融資本の投下先としてアジア太平洋地域やアフリカに欧米の植民地が拡大した。このような膨張主義を㉘＿＿＿＿＿＿＿＿＿＿＿という。

東アジアでは，日本が朝鮮への進出をはかり清と対立，1894年に㉙＿＿＿＿＿＿＿＿＿＿＿＿がおこった。清の敗北の結果，日本は台湾を植民地とし，清は欧米列強各国に分割されることとなった。これによって，冊封・朝貢関係にもとづく東アジアの伝統的な国際秩序はくずれていった。また，㉚＿＿＿＿＿でアジア人が欧米人と戦ったことは世界に大きな衝撃を与え，20世紀初頭にインドやイラン，ベトナムなどアジア各地に独立を求める機運が高まった。一方，日本は1910年，㉛＿＿＿＿＿＿＿＿＿を強要し，韓国を日本の植民地とした。また，中国東北地域（㉜＿＿＿＿＿＿）への進出もすすめた。これら大陸進出の背景には，日本における❼の進展がある。日本では，19世紀末から20世紀にかけて紡績業や製糸業で急速に機械化がすすみ，生糸や綿糸は重要な輸出品となっていった。また，国民統合の手段として，教育が政府によって統制され，㉝＿＿＿＿＿＿＿＿＿によって「忠君愛国」の精神を国民に浸透させるなど，国家主義的な教育がおこなわれるようになった。

㉓ すべてが戦争に巻きこまれた

Kotoba(ことば)
三国同盟　ドイツ・オーストリア・イタリアの三国による軍事同盟。

Kotoba(ことば)
三国協商　フランスとロシアはもともと露仏同盟を結んでいたが，三国同盟に対抗するため1904年に英仏協商，1907年に英露協商を結んだ。

Kotoba(ことば)
❺のヒント　はじめは催涙ガスだったが，やがて殺傷能力の高い塩素ガスなどが使われるようになった。

Kotoba(ことば)
❾のヒント　特に海運業が空前の好況となり，にわかに富裕化した成金が続出した。

Kotoba(ことば)
ソヴィエト政権　ロシア革命によって成立した社会主義政権(教p.104)。

① 第一次世界大戦の勃発

(1) 植民地と勢力範囲をめぐる列強の対立

・三国同盟と三国協商の対立

・❶＿＿＿＿＿＿＿＿＿半島では，ゲルマン人とスラヴ人が対立するなど，列強・民族の利害が複雑にからみあう状態

(2) 大戦の勃発

・1914年，❷＿＿＿＿＿＿＿事件→オーストリアがセルビアに宣戦

　→多くの国が参戦→❸＿＿＿＿＿＿＿勃発

② 戦争の長期化

(1) 戦争の長期化による戦時体制

・❹＿＿＿＿＿＿…全国民，さらに植民地の人々も戦争に動員

・近代兵器(機関銃・戦車・飛行機・潜水艦など)，❺＿＿＿＿＿の使用

③ 日本の参戦

(1) 日本の参戦

・❻＿＿＿＿＿＿を理由に連合国(協商国)側で参戦

(2) 中国への進出

・1915年，日本は中国に❼＿＿＿＿＿＿をつきつける

　→中国の❽＿＿＿＿政府は大部分を受諾

・1917年，アメリカと協定…日本の中国における特殊権益を承認させる

(3) 日本経済の成長

・ヨーロッパで経済停滞→日本はアジア・アメリカ向け輸出が増加

・大幅な貿易黒字，重化学工業発達→❾＿＿＿＿＿出現

④ 大戦の終結

(1) アメリカの参戦

・ドイツが❿＿＿＿＿＿作戦→アメリカが連合国側で参戦

(2) ソヴィエト政権の単独講和

・ロシア革命後成立したソヴィエト政権がドイツと単独講和

　→(⓫＿＿＿＿＿条約)→戦況の転換

(3) 大戦の終結

・1918年，同盟国側が相次いで降伏

・ドイツの帝政崩壊→ドイツ共和国臨時政府が連合国と休戦協定し，第一次世界大戦が終結

問1 イギリス軍に動員された写真**A**の人々はどこの兵士だろうか。 （　　　　　　　　　　）

問2 イギリスとこの兵士の出身地とはどんな関係だろうか。

問3 写真**B**のイギリスの軍需工場で働いているのはどんな人か。 （　　　　　　　　　　）

問4 問1 ～ 3から，第一次世界大戦に各国がどのような戦時体制をとったか考えてみよう。

問5 **C**の兵士は，なぜガスマスクをしているのだろうか。

問6 第一次世界大戦がこれまでの戦いと異なる点をあげてみよう。

問7 第一次世界大戦の戦死者が，これまでの戦争に比べて極端に多い理由を考えてみよう。

☑️ **チェックポイント**

①第一次世界大戦の契機となった，オーストリア帝位継承者夫妻の暗殺事件（　　　　　　　　　）

②日本が山東半島の旧ドイツ権益を引き継ぐため袁世凱政府につきつけたもの
………………………………………………………………………………（　　　　　　　　　）

③ソヴィエト政権がドイツと単独で結んだ講和条約…………………………（　　　　　　　　　）

（24）世界初の社会主義国家が誕生した

Kotoba（ことば）
ロシアの革命　ロシア帝国ではユリウス暦を採用していたため，グレゴリウス暦である西暦とは13日遅れている。ロシアがグレゴリウス暦を採用するのは革命後の1918年2月。

Kotoba（ことば）
❹のヒント　ロシア語で多数派を意味する言葉だが，暴力で革命を遂行しようとする急進派である。

Kotoba（ことば）
ブレスト＝リトフスク条約　ロシアの❹政権が単独でドイツと結んだ講和条約。

Kotoba（ことば）
戦時共産主義政策　戦争を遂行するために，あらゆる企業の国営化や貿易統制，ストライキの禁止，配給制の導入など，国家がすべての経済・社会を統制する政策。

1　ロシア革命

(1)　帝政ロシアの崩壊

・1917年3月，首都ペトログラードで大規模な労働者のストライキと暴動勃発

→各地に兵士と労働者の評議会（❶　　　　　　　　　　　　　　）成立

・臨時政府が組織される→皇帝❷　　　　　　　　　　　が退位

…❸　　　　　　　革命

(2)　臨時政府の崩壊

・❹　　　　　　　　　　　　　　の指導者❺　　　　　　　　　　　が臨時政府の戦争継続に反対し，❻　　　　　　　　　　　を発表

・1917年11月，❹が臨時政府を倒して政権を獲得（❼　　　　　　革命）

(3)　一党独裁体制の実現

・1918年，❺が武力で議会を解散し，❹の一党独裁を実現

・ドイツと単独で講和条約を結び，第一次世界大戦から離脱

2　シベリア出兵

(1)　社会主義に対する干渉戦争

・列強各国が，❶政権打倒のための干渉戦争をはじめる

・日本もシベリア東部に出兵…❽

→第一次世界大戦終結後，アメリカ・イギリスなどは1920年に撤退

→日本は1925年，❾　　　　　　　　　　締結後に全面撤退

3　革命の世界への影響とソ連の成立

(1)　ロシア共産党（❹から改称）の活動

・1919年，❿　　　　　　　　　　　　　を組織，世界革命をめざす

・各国で共産党が設立され，インドやエジプトの独立運動にも影響

(2)　戦時共産主義政策から新経済政策へ

・中小工場の国有化・穀物の徴発→工業・農業の生産低下

→1921年，中小企業や農業の個人経営を認める

(3)　世界初の社会主義国家の成立

・1922年，⓫　　　　　　　　　　　　　　　　　　　　成立

考えてみよう ………●

問1 写真**A**で女性労働者たちが何を求めて
行動しているのか考えてみよう。

（回答欄）

問2 写真**B**について，ロシア革命に対し，列国がソヴィエト政権打倒の干渉戦争を始めたのはなぜだ
ろうか。

（回答欄）

問3 写真**B**について，日本軍が他の列国に比べて長
くシベリアにとどまったのはなぜだろうか。

（回答欄）

問4 ロシア革命は，アジアやアフリカにどんな影響を及ぼしただろうか。

（回答欄）

☑チェックポイント

①皇帝ニコライ2世が退位し，ロシア帝国が滅んだ革命……………………(　　　　　　　　　　)

②レーニンが主導した，多数派という意味の急進的革命勢力……………(　　　　　　　　　　)

③レーニンが「すべての権力をソヴィエトへ」とよびかけた演説………(　　　　　　　　　　)

④②が武装蜂起して臨時政府を倒した革命…………………………………(　　　　　　　　　　)

⑤ロシア共産党により世界革命をめざして組織された団体……………(　　　　　　　　　　)

Qクイズ スイスから敵地ドイツを経てロシアに入ったレーニンの乗車した列車を何というか。
①弾丸列車　②直行列車　③封印列車

25　世界は国際協調を模索した

Kotoba（ことば）
アルザス・ロレーヌ　フランス北東部のドイツ国境に近い地方。鉄鉱石と石炭を産出する。第一次世界大戦後、フランスが領有を主張。

1　ヴェルサイユ体制

(1) 1919年、パリで講和会議開催

・アメリカ大統領❶＿＿＿＿＿＿＿＿の提唱した十四カ条にもとづく

→戦勝国の利害優先

(2) 条約の締結

・❷＿＿＿＿＿＿＿＿条約

→ドイツ…すべての植民地とアルザス・ロレーヌを失う、巨額の賠償金賦課

民族自決の原則…アジア・アフリカなどの植民地には適用されず

・条約により成立した国際秩序を❷体制という

(3) 国際平和維持機構の結成

・1920年、❸＿＿＿＿＿＿＿＿の結成

…アメリカ不参加、ドイツ・ソ連は参加を認められず

2　ワシントン体制

(1) 東アジア・太平洋地域における国際秩序の成立

・1921年、❹＿＿＿＿＿＿＿＿会議開催

・❺＿＿＿＿＿＿＿＿条約…太平洋地域の平和維持と日英同盟廃棄

・❻＿＿＿＿＿＿＿＿条約…中国の主権尊重・門戸開放・機会均等

→これにより成立した国際秩序を❹体制という

(2) 日本の協調外交

・外相❼＿＿＿＿＿＿＿＿が❹体制維持につとめる

3　大戦後のヨーロッパ

(1) 東欧の多くの国が独立

(2) ドイツ帝国の崩壊

・民主的な❽＿＿＿＿＿＿＿＿憲法制定、インフレが急速にすすむ

Kotoba（ことば）
❽のヒント　戦後、ドイツ革命によりドイツ帝国に代わって成立したドイツ共和国が制定した民主的な憲法。

4　国際協調と軍備の縮小

(1) 国境不可侵をめざして

・1925年、ヨーロッパ各国がドイツと❾＿＿＿＿＿＿＿＿条約締結

・1926年、ドイツの国際連盟加盟を承認

(2) 不戦への取り組み

・1928年、❿＿＿＿＿＿＿＿条約締結…戦争を国際紛争解決の手段にしない

・1930年、⓫＿＿＿＿＿＿＿＿会議

→列強の補助艦の保有比率と上限を決定

考えてみよう

問1 写真Aの白い十字架は何か。

（　　　　　　　　　　　　　）

問2 問1から，戦後，人々はどんな世界を
つくろうとしたのか。

```
（空欄）
```

問3 写真Bは巨額の賠償金を課せられたドイツで描かれた。写真C
とあわせて，戦後のドイツでどのようなことがおこっているのかを
考えてみよう。

```
（空欄）
```

問4 国際連盟へのアメリカの不参加やドイツ・ソ連の加盟遅延が与
えた影響を考えよう。

```
（空欄）
```

問5 ヴェルサイユ=ワシントン体制やパリ不戦条約，ロン
ドン海軍軍縮条約を通じて人々はどんな国際秩序をめざ
したか。

```
（空欄）
```

✓ チェックポイント

①パリ講和会議の思想基盤となった十四カ条を発表した米大統領……（　　　　　　　）

②パリ講和会議で残された課題を話し合うための会議………………（　　　　　　　）

③ヴェルサイユ条約で日本が得たがその大半を返還した中国の半島名（　　　　　　　）

④戦後の軍備縮小と協調外交を推しすすめた日本の外相……………（　　　　　　　）

26 第一次世界大戦がアジアにもたらしたもの

1 トルコ革命

(1) オスマン帝国の滅亡

- ❶ ＿＿＿＿＿＿＿＿＿＿＿＿＿＿＿＿＿＿＿ による祖国解放運動
- 1922年，スルタン制度を廃止→オスマン帝国滅亡（1922年）

(2) 共和国の成立

- 1923年，❷ ＿＿＿＿＿＿＿＿＿＿ 条約→❸ ＿＿＿＿＿＿＿＿ 共和国成立

2 西アジアの民族運動

(1) 第一次世界大戦中におけるイギリスのアラブ・ユダヤ政策

- アラブ人に戦後の独立，ユダヤ人にユダヤ人国家の建設を約束

  →これらの約束が❹ ＿＿＿＿＿＿＿＿＿＿ などの紛争の出発点となった

(2) 相次ぐ建国・独立

- ❺ ＿＿＿＿＿＿＿　・❻ ＿＿＿＿＿＿＿＿＿＿　・アフガ

ニスタンなど建国・独立

→しかし，依然として列強の影響が残された

3 インドの民族運動

(1) イギリスによるインド支配の強化

- 1919年，❼ ＿＿＿＿＿＿＿＿＿ 法で弾圧

(2) 国民会議派の運動

- ❽ ＿＿＿＿＿＿＿＿＿ の指導で❾ ＿＿＿＿＿＿＿＿＿

運動を展開

- 1929年，❿ ＿＿＿＿＿＿＿ の指導で完全独立を宣言

  →イギリスは1935年，インドの各州に自治権を認める

4 東南アジアの民族運動

(1) インドネシア

- 1920年，共産党結成→オランダからの独立をめざす武装蜂起をおこすが失敗

- 1927年，⓫ ＿＿＿＿＿＿＿＿＿ が国民党を結成

  →非暴力・大衆行動による独立をめざす

(2) ベトナム

- 1930年，⓬ ＿＿＿＿＿＿＿＿＿＿＿ が共産党を結成，フランスからの独立運動展開

Kotoba (ことば)
❼のヒント　破壊活動の容疑者を令状なしの逮捕，陪審員によらない裁判を認めた法令。法令制定の中心人物の名前がつけられた。

Kotoba (ことば)
国民会議派　インドの政党。コングレス党ともいう。

Kotoba (ことば)
⓫のヒント　インドネシアの独立運動家。現在でも国父とされ，最高額の紙幣にデザインされている。

Kotoba (ことば)
⓬のヒント　ベトナムの革命家。建国の父で，ベトナム第2の都市に彼の名前がつけられた。

p.53 クイズの答え　③

問1　写真▲でケマルは，なぜローマ字を採用したのだろうか。彼の政策方針から考えてみよう。

問2　現在のパレスチナ問題の出発点となった出来事は何か。

問3　図▣から第一次世界大戦後，1930年代までに西アジアで独立した国を挙げよう。

（　　　　　　　　　　　　　　　　　　）

問4　問3で挙げた西アジアの独立国が抱えていた問題は何か。

問5　写真◪で，ガンディーは，なぜ「塩の行進」をおこなったのだろうか。

問6　ガンディーを支えたのはどのような人たちだろうか。

（　　　　　　　　　　　　　　　　　　　　　）

✅ **チェックポイント**

①1923年，トルコが連合国と結んだ，第一次世界大戦で失った国土の一部を回復した条約名

……………………………………………………………（　　　　　　　　　　）

②1919年，イギリスがインド支配を強めるために発令した法令………（　　　　　　　　　　）

③1929年，インドが完全独立（プルーナ=スワラージ）を宣言した時の国民会議派の指導者

……………………………………………………………（　　　　　　　　　　）

㉗ 朝鮮・中国の民衆が立ちあがった

Kotoba (ことば)
民族自決　各民族が自らの意志でその帰属や政治組織，政治的運命を決定すること。

Kotoba (ことば)
民族同化政策　朝鮮に日本の文化や伝統の受容を強制する政策。

Kotoba (ことば)
⓫のヒント　蔣介石の指導で，国民政府が北方の軍閥を討伐し，全国統一をめざした軍事行動。

1　朝鮮の三・一独立運動

(1)　民族自決の気運の高まり

・1910年，韓国併合→日本は朝鮮を強圧的に統治

・アメリカ大統領の❶＿＿＿＿＿＿＿の十四カ条

　　→世界的な民族自決気運の高まり

(2)　日本からの独立運動

・1919年３月１日，京城の❷＿＿＿＿＿（パゴダ）公園で独立宣言

　…❸＿＿＿＿＿運動→日本は民族同化に政策転換

2　中国の五・四運動

(1)　新文化運動と日本の二十一カ条の要求

・新文化運動…文化面から新しい中国を創造しようとする動き

　　→青年や学生に国民としての自覚を高める

・1915年，❹＿＿＿＿政府が二十一カ条の要求を受諾

　　→中国の人々の反日感情が高まる

(2)　ヴェルサイユ条約に反対する学生運動

・パリ講和会議で二十一カ条の要求の取り消しと山東権益の返還を求めたが認められなかった

　　→1919年５月４日，北京で学生たちによる抗議デモおこる

　　→反日運動が全国に拡大…❺＿＿＿＿運動

・中国は，日本にドイツの山東権益の継承を認めたヴェルサイユ条約調印を拒否

3　中国の国民革命

(1)　「連ソ・容共・扶助工農」

・1919年，❻＿＿＿＿の主導で❼＿＿＿＿設立

・1921年，コミンテルンの支援で❽＿＿＿＿設立

・1924年，❼がソ連に接近して，❽との提携に合意（第１次❾＿＿＿＿成立）

(2)　国民革命の進展と国共対立

・民族資本家と学生・労働者・農民の支持により国民革命が進展

　　→国民党と共産党の対立が表面化

・1926年７月，❿＿＿＿が⓫＿＿＿＿を開始

・1927年４月，❿が上海でクーデタ

　　→共産党員や労働者を弾圧し，⓬＿＿＿＿に国民政府を樹立

問1 写真**A**や**B**から三・一独立運動や五・四運動をささえたのはどんな人々だったことがわかるか。

（　　　　　　　　　　　　　　　　　　　　）

問2 写真**C**で集まった人々は何を要求しているのだろう。

問3 写真**A**から日本が三・一独立運動に対してどのような態度をとったか考えよう。

問4 三・一独立運動は，日本の対朝鮮政策にどのような変化をもたらしただろうか。

問5 五・四運動後の中国の政治をまとめてみよう。

（　　　　　　　　　　　　　　　）（1919）と（　　　　　　　　　　　　　　　）（1921）の結成

→1924年，（　　　　　　　　　　　　　　　）成立

問6 五・四運動は中国の国民革命にどのような影響をおよぼしただろうか。

✓ **チェックポイント**

①三・一独立運動や五・四運動の思想的基盤となったレーニンやウイルソンが提唱

‥‥‥‥‥‥‥‥‥‥‥‥‥‥‥‥‥‥‥‥‥‥‥‥‥‥‥‥‥‥‥‥（　　　　　　　　　　　）

②孫文の主導によって設立された政党‥‥‥‥‥‥‥‥‥‥‥‥‥（　　　　　　　　　　　）

③孫文の後を継いで国民党の指導者となった人物‥‥‥‥‥‥‥（　　　　　　　　　　　）

④③の人物が全国統一のため1926年に始めた軍閥打倒の軍事行動‥‥‥‥（　　　　　　　　　　　）

28 空前の繁栄の光と陰

1 国際的地位の上昇

(1) アメリカ経済の発達

・戦争の被害を直接受けず，連合国へ物資の供与と資金の貸与

→工業発展，❶ ＿＿＿＿＿＿＿ 国から❷ ＿＿＿＿＿＿ 国へ

(2) 国際的発言力の上昇

・しかし，議会の反対で❸ ＿＿＿＿＿＿＿＿＿＿ に参加せず

2 大衆社会の出現

(1) 労働者の地位向上

・労働賃金の上昇により，労働者が一定の消費力をもつ❹ ＿＿＿＿＿＿ へ

・❹が社会のなかで影響力をもつ→❺ ＿＿＿＿＿＿＿

(2) 社会生活の変化

・1920年，❻ ＿＿＿＿＿＿＿＿＿ が認められる→❹の政治参加すすむ

・自動車・家電の大量生産，低価格化による大量消費

→❼ ＿＿＿＿＿＿＿＿＿ の成立

→さまざまな娯楽の誕生。こうした文化は，20世紀中ごろにかけてヨーロッパや日本に伝わる

3 繁栄の陰で

(1) 経済的繁栄を支えた外国人労働者

・経済的繁栄の恩恵を受けたのは❽ ＿＿＿＿＿＿＿＿（ＷＡＳＰ）

・南欧・東欧・アジアからの流入者が経済を支える

→その一方で，彼らは差別・迫害を受ける

(2) 禁酒運動とその挫折

・1919年，❾ ＿＿＿＿＿＿＿ 制定…キリスト教的考え

4 日本からの移民

(1) 移民の急増

・ハワイへの❿ ＿＿＿＿＿＿＿ にはじまる

・19世紀末，⓫ ＿＿＿＿＿＿＿＿ の開設→アメリカ本土への移民が急増

(2) 日系人社会の形成

・西海岸の都市に⓬ ＿＿＿＿＿＿ 形成

・日本の国際的地位の向上→⓭ ＿＿＿＿＿＿＿ がさかんに

・1924年の⓮ ＿＿＿＿＿＿＿ …アジアからの移民を全面禁止

Kotoba (ことば)
❽のヒント　ホワイト・アングロ・サクソン・プロテスタントの頭文字をとった略語。

Kotoba (ことば)
⓮のヒント　アジア系移民は帰化不能外国人とされた。西海岸に住むこの「帰化不能外国人」のうち日本人がもっとも多かった。

p.57 クイズの答え　③

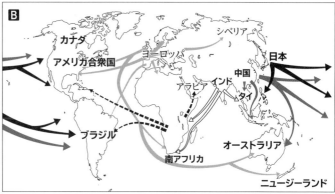

問1 アメリカは写真**A**の高層ビルを建設するために必要な経済力を，どのようにしてつけたのだろうか。アメリカが経済成長をとげた要因をいくつかあげてみよう。

問2 アメリカはどのようにして労働力を確保しただろうか。図**B**から考えてみよう。矢印は人の動きをあらわしている。

問3 アメリカ人が自動車や電化製品を購入するようになったのはなぜだろうか。

問4 問2による労働力は，アメリカ人にどんな影響をおよぼしただろうか。

問5 問4の問題は，アメリカ社会にどのような形で現れただろうか。

問6 問5の問題について，アメリカ政府はどのような政策を実施しただろうか。

✓ チェックポイント

①賃金が上昇したため一定の消費力をもつようになった都市労働者などの人々（　　　　　　　　）

②①の政治参加がすすむことになった，1920年に認められた権利・・・・・・・・・・・・（　　　　　　　　）

③経済的繁栄の恩恵を受けた，アングロサクソン系白人のプロテスタント・・・・・・・（　　　　　　　）

④節度ある生活態度を求めるキリスト教的考えから1919年に出された法令・・・・・・（　　　　　　　）

⑤日本を含むアジア系住民を帰化不能外国人とした法令・・・・・・・・・・・・・・・・・・・・・・・（　　　　　　　）

㉙ 大衆が政治を動かしはじめた

Kotoba (ことば)

❶**内閣**　陸軍の要求する
２個師団増設を拒否した
ため，上原勇作陸相が辞
任し，軍部大臣現役武官
制により総辞職に追い込
まれた。

① 大正政変

- 陸軍の横暴により❶ _____ 内閣総辞職
- ❷ _____ 内閣(陸軍ら支持)成立
  - →❸ _____ 運動により❷内閣は50日余りで倒壊

② 都市化の進展と米騒動

(1) 第一次世界大戦の日本経済への影響

- 日本経済は急速に好転(❹ _____)→成金の誕生
- 大都市への人口集中で農村が疲弊→食料不足

(2) 米価の高騰と民衆運動

- 食料不足に加え，シベリア出兵で米価高騰
- 1918年の富山県の女性による騒動が全国に拡大…❺

Kotoba (ことば)

成金　もとは将棋の駒が
敵陣で金将になることで，
経済の好転にともない，
にわかに裕福になった階
層をさす。大戦中，造船
や海運で富裕となった者
が多く，彼らは船成金と
よばれた。

③ 政党政治の展開

- ❺のあと，❻ _____ 内閣成立…初の本格的な政党内閣
- 再び非政党内閣誕生→1924年に❼ _____ 運動おこる
  - →護憲を掲げる加藤高明内閣(護憲三派内閣)が成立
- 1925年，❽ _____ 制定
  - →同時に社会主義運動を取り締まる❾ _____ 制定

Kotoba (ことば)

❼**のヒント**　憲政会・立
憲政友会・革新倶楽部が
結成した護憲三派が中心
となってすすめた運動。

④ 社会運動・女性解放運動

(1) 民主主義的・自由主義的風潮

- 日露戦争後から昭和初期にかけて❿ _____
  の風潮

(2) 社会運動の展開

- 労働者が賃金・労働条件の改善を求める(労働争議)
- 小作人が小作料の引き下げを求める(⓫ _____)
- 被差別部落の人々が社会的差別の撤廃をめざし⓬ _____
  結成
- 社会主義者たちの運動再開→1922年，日本共産党結成

Kotoba (ことば)

❿**のヒント**　日露戦争後
から昭和初期にかけての
民主主義的・自由主義的
風潮。

(3) 女性解放運動

- ⓭ _____ らが結成した青鞜社を中心に展開
- 1920年，⓭は⓮ _____ らと⓯ _____ 結成
  - →女性の本格的政治参加を求める

考えてみよう……●

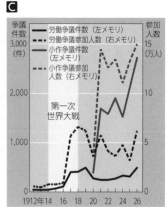

問1　写真**A**の民衆は何を要求したのだろうか。

問2　写真**B**の男性はどのような立場の人だろうか。

問3　写真**B**の男性のような人々が登場した時代に，米の安売りを要求して騒ぎをおこしたのはどのような人々だっただろうか。

問4　図**C**で1917年ごろから労働争議が急激に活発化したのはなぜか考えよう。問2・3をふまえて考えてみよう。

問5　1920年代前半の社会運動(団体の結成)についてまとめてみよう。

部落解放運動(　　　　　　　　　　　　　　　　　　　　　　　　　)

女性解放運動(　　　　　　　　　　　　　　　　　　　　　　　　　)

✓チェックポイント

①第3次桂太郎内閣に反対しておこった大きな国民運動…………………(　　　　　　　)

②富山県の女性たちによる米の安売り要求を契機とする全国規模の暴動

………………………………………………………………………………(　　　　　　　)

③1925年に制定された，25歳以上の男性全員に選挙権を与えた法令……(　　　　　　　)

④③と同時に制定された，社会主義運動を取りしまる法令………………(　　　　　　　)

⑤日露戦争から昭和初期にかけての民主主義的・自由主義的風潮………(　　　　　　　)

クイズ　原内閣の高等教育拡張政策により，1920年に大学に昇格したのは？
　　　①慶応義塾大学　　②青山学院大学　　③上智大学

30 恐慌の嵐が吹き荒れる

1 恐慌のはじまり

(1) アメリカの恐慌

・1929年10月，ニューヨークの❶＿＿＿＿＿＿＿＿＿＿で株価が大暴落

　→工業生産の激減，多数の企業倒産，失業者の増大

・アメリカが各国から資金を引きあげ→❷＿＿＿＿＿＿＿＿＿へ

2 ニューディール

(1) 政策の主体・目的・手段

・1933年，❸＿＿＿＿＿＿＿＿＿＿大統領が

　❹＿＿＿＿＿＿＿＿＿＿政策を打ち出す

・農民救済のため，農業生産を制限，農産物価格を引き上げ

・産業救済のため，企業統制を強めて生産調整へ

・失業者救済のため，❺＿＿＿＿＿＿＿＿を推進

(2) 対外政策

・1933年にソ連を承認，ラテンアメリカ諸国への高圧的政策を改め，善隣外交へ

3 各国の恐慌対策

(1) 各国の対応

・❻＿＿＿＿＿＿＿＿を停止，輸入制限を強化

・本国と植民地・従属国を結ぶ❼＿＿＿＿＿＿＿＿＿をつくる

　→世界経済全体が縮小し，国際協調による❷の克服が困難に

(2) 日本の対応

・1930年に❽＿＿＿＿＿＿＿を実施。しかし，❷の波及で輸出激減

　→大量の金が国外に流出し，深刻な❾＿＿＿＿＿＿＿に

・1931年に金輸出を再禁止し，❿＿＿＿＿＿＿＿制度に移行

　→⓫＿＿＿＿＿＿により輸出を伸ばし，1933年には恐慌前の生産水準へ

4 ソ連の計画経済

(1) 計画経済の主体と方法

・1928年，⓬＿＿＿＿＿＿＿が重工業中心の⓭＿＿＿＿

　＿＿＿＿＿＿計画に着手，❷の影響を受けない一方で，抵抗する農民に弾圧も

・1934年ころから粛清により政府高官や市民の多くが犠牲に

・1936年に⓬憲法を制定し，独裁体制へ

(2) 恐慌への各国対応の変化

・❷に対する各国の対応→国家が強く経済に介入する時代へ転換

Kotoba (ことば)
❹のヒント　新規巻き直し政策の意。二期に分かれ1期では失業救済と公共事業が，2期では社会保障制度改革がおこなわれた。

Kotoba (ことば)
❻のヒント　金の保有量によって通貨量を決定するしくみ。通貨と金の兌換が保証された。国際貿易の場面では輸出入量の多寡により金保有が変動し通貨量が自動調節されると考えられていた。

Kotoba (ことば)
❽のヒント　金本位制に復帰するには金の輸出を解禁して国際貿易の結果による金の輸出を認めなければならなかった。そのことを示す言葉。

Kotoba (ことば)
❿のヒント　一国の通貨量を金保有量ではなく管理通貨当局の自由な裁量で調節するしくみ。

考えてみよう

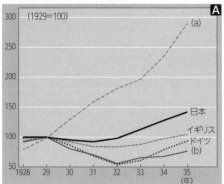

A

(1929=100)

300							(a)
250							
200							
150							日本
100							イギリス
							ドイツ
50							(b)

1928 29 30 31 32 33 34 35 (年)

問1 **A**のグラフが示すのは，世界恐慌前後の各国の工業生産である。空欄（a），（b）にはアメリカ，ソ連のいずれかが入る。どちらか考えて答えよう。

a（　　　　　　　） b（　　　　　　　）

問2 （a）が世界恐慌後も工業生産が増加していったのはなぜだろうか。

問3 日本は世界恐慌と同時期に金解禁をおこない昭和恐慌を招いたが，その後急速に工業生産を回復した。それはなぜか。

B 主要国の失業者（1913〜37年）

	アメリカ	イギリス	ドイツ	フランス	イタリア
1913年	167(4.3)	43(2.1)	—(2.9)	—(4.7)	—(—)
19	55(1.4)	45(2.4)	69(3.7)	—(—)	—(—)
25	145(3.2)	123(11.2)	66(6.7)	1(—)	11(—)
29	155(3.2)	122(11.0)	190(13.1)	1(—)	30(—)
33	1,283(24.9)	252(21.3)	480(26.3)	31(—)	102(—)
37	770(14.3)	148(11.3)	91(4.6)	38(—)	87(4.6)

単位：万人。（　）は失業率（%）　　（『近代国際経済要覧』）

問4 **B**をみると，ドイツが世界恐慌直後に極めて高い失業率（26.3%）であるのに，1937年には急速に失業率を減少させている（4.6%）ことがわかる。この減少はなぜおきたと想像できるか。この想像をこのあとの，教科書p.132〜133，136〜137の学習で確認してみよう。

問5 世界恐慌に対して各国がどのように対応したのか，これまでの問いを参考に，その対応がどのように世界に影響を与えたのか，まとめてみよう。

✓ チェックポイント

①アメリカでニューディール政策をすすめた大統領……………………（　　　　　　　）

②恐慌対策で本国と植民地以外の輸入を制限すること………………（　　　　　　　）

③世界恐慌と金解禁が重なっておこった日本の不況…………………（　　　　　　　）

Q クイズ ドイツのヒトラーが国民車として開発させた車は次のどれ？
①ポルシェ　②ゴルフ　③フォルクスワーゲン

㉛ 大衆は新たな勢力に期待をかけた

1 大衆化とファシズム・軍部の台頭

(1) 第一次世界大戦後のドイツ・イタリアで❶＿＿＿＿＿＿＿＿＿＿が台頭

(2) 日本では政党政治への不信から❷＿＿＿＿＿＿が台頭

→20世紀初頭から各国で普通選挙制度が実現, 公教育の普及やジャーナリズムが発達

→❸＿＿＿＿＿＿が無視できない力をもち, ❸は経済不況への対応で新たな政治勢力に期待。しかし, これが世界大戦へ導くことになる

2 イタリアのファシズム

(1) 第一次世界大戦後に❹＿＿＿＿＿＿率いる❺＿＿＿＿＿＿が台頭

→第一次世界大戦の戦債で経済が悪化, ストライキも多発。こうした社会不安を背景に, 地主・資本家・軍人の支持を得る

・1922年に❻＿＿＿＿＿＿を経て首相に就任, 一党独裁体制を確立

・1924年に❼＿＿＿＿＿＿を併合

・1926年に❽＿＿＿＿＿＿を保護国に

3 ナチ=ドイツ

(1) 世界恐慌後の失業者増大→❾＿＿＿＿＿＿の率いる❿＿＿＿＿＿（国民社会主義ドイツ労働者党）と共産党が急速に勢力を増大

(2) ❿はヴェルサイユ体制打破を唱える

→マスメディアをたくみに利用して支持を拡大

・1932年に国会選挙で第1党に躍進

・1933年に❾は首相就任, 共産党を弾圧。同年, ⓫＿＿＿＿＿＿（政府に立法権付与）成立, 一党独裁体制確立

・1934年, ❾は総統就任

4 軍部が台頭する日本

(1) 昭和恐慌のさなか, ❷や右翼勢力が政党政治を批判, 発言力強化

(2) 中国統一に危機感を強める⓬＿＿＿＿＿＿が中国への軍事侵略をすすめる

(3) 国内では国家の危機を直接行動で打開しようとする動きが活発化

(4) 汚職や政争をくり返す⓭＿＿＿＿＿＿への不満が高まり, ❷へ世論が期待

・1932年, ⓮＿＿＿＿＿＿事件

→海軍青年将校が⓯＿＿＿＿＿＿首相を暗殺

・1936年, ⓰＿＿＿＿＿＿事件

→陸軍青年将校らによるクーデタ

→⓱＿＿＿＿＿＿蔵相らを殺害→事件後, 陸軍は政局を支配

考えてみよう……………

問1 写真**A**は何を意図して撮影されたのだろうか。

問2 **B**のポスターは誰に対するどのような意図で作成されたのだろうか。

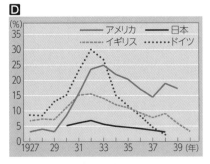

1924年12月	45	131	88	103	2	14	
1928年5月	54	153	78	73	2	12	
1930年9月	77	143	87	41	107		
1932年7月	89	133	97	37	230		→ナチ党、第1党となる
1932年11月	100	121	90	81	196		→ヒトラー、首相就任(33.1)
1933年3月	81	120	92	52	288		→全権委任法(33.3)

凡例: ナチ党／国家人民党／中央党／社会民主党／共産党
0　200　400　600 (議席数)

問3 グラフ**C**によれば，①ナチ党は1933年3月の国会選挙での獲得議席数は全体の何％か。②この後政府に立法権を与える何という法律が成立したのか。③なぜこの法律は成立できたのか。

①(　　　　　　　　％)

②(　　　　　　　　　　　　)

③(　　　　　　　　　　　　　　　　)

問4 グラフ**D**によれば，①大きく失業率を下げている国はどこか。②それはなぜか。

①(　　　　　　　　)

②(　　　　　　　　　　　　　　　　)

問5 **E**の報道以降，軍部の直接行動を世論はどうみていくのだろうか。

問6 問1から問5までの考察をふまえて，イタリア・ドイツのファシズム，日本において軍部が台頭した理由をまとめてみよう。

（「東京朝日新聞」1932年5月16日付号外）

㉜ 日本と中国の対立が深まった

Kotoba(ことば)
❷のヒント　1926年からはじめられた国民党による全国統一の軍事行動。28年には北京を占領し，同年末には全国統一が達成された。

1 山東出兵と張作霖爆殺

(1) 中国国民党の❶ ＿＿＿＿＿＿＿＿ が南京国民政府を樹立，❷ ＿＿＿＿＿＿ をつづける

(2) ❸ ＿＿＿＿＿＿＿＿ 内閣が3回，❹ ＿＿＿＿＿＿ に出兵をおこなう
　→中国統一を妨害するため

(3) 1928年，関東軍が北京から逃れる❺ ＿＿＿＿＿＿ を爆殺
　→日本の権益が集中する中国東北地域に国民革命の影響がおよばぬように

2 統一がすすむ中国と満洲事変

(1) 南京国民政府は国内統一をすすめる一方，❻ ＿＿＿＿＿＿＿＿＿＿ の回復に成功，工業化にも成果

(2) 1931年，関東軍は❼ ＿＿＿＿＿＿ をおこす
　→奉天郊外の柳条湖で南満洲鉄道を爆破，中国軍のしわざとして満洲全域に軍をすすめる

(3) 1932年，「❽ ＿＿＿＿＿＿ 」の建国を宣言
　→執政に清の最後の皇帝❾ ＿＿＿＿＿＿ をすえる
　→東北地域が中国から切り離される

Kotoba(ことば)
❾のヒント　清の第26代皇帝の宣統帝。戦後は中国で生き抜く。

3 日本の国際連盟脱退

(1) 中国は日本の行動を侵略として❿ ＿＿＿＿＿＿ に提訴

(2) ❿は⓫ ＿＿＿＿＿＿ を中国に派遣

(3) ⓫の報告書は日本の軍事行動を自衛権によるものと認めず
　→1933年，日本は❿を脱退し国際的に孤立。しかし日本の世論はこの動きを支持

4 抗日民族統一戦線の成立

(1) 1931年，中国共産党は⓬ ＿＿＿＿＿＿ を建設
　→⓭ ＿＿＿＿＿＿ を主席とする臨時政府を江西省瑞金におく
　→❶はくり返し包囲攻撃。1934年，共産党は瑞金から逃れ（＝⓮ ＿＿＿＿＿＿ ），延安を中心に根拠地建設

(2) 一方，日本は内モンゴルや中国北部を侵略
　→1935年，共産党は⓯ ＿＿＿＿＿＿ を発表，抗日を国民によびかけ
　→1936年，⓰ ＿＿＿＿＿＿ が❶を逮捕・監禁（＝⓱ ＿＿＿＿＿＿ 事件）
　→1937年，第2次国共合作による⓲ ＿＿＿＿＿＿ 実現

Kotoba(ことば)
⓰のヒント　爆殺された東北地域の軍閥❺の長男。1928年に南京国民政府に合流する。のちに⓲の立役者となる。

問1 写真Aの示す状況の前に，中国で蔣介石が中心になってすすめていた国内統一の軍事行動を何というか。

（　　　　　　　　　　　）

問2 問1の国内統一を日本が妨害する行動をとった。その事例を3つあげよ。

（　　　　　　　　　　　）　　（　　　　　　　　　　　　　　　　）

（　　　　　　　　　　　）

問3 写真Aで①真ん中に座る溥儀はなぜ執政になったのだろうか。また，②なぜ隣に関東軍司令官が立っているのだろうか。

①（　　　　　　　　　　　　　　　　　　　　　　　　　　　　　　　　）

②（　　　　　　　　　　　　　　　　　　　　　　　　　　　　　　　　）

問4 Bの地図が示す満洲（東北地域）は日本にとって「生命線」と当時言われたほどの最重要地域であった。なぜ大切だったのか。

（　　　　　　　　　　　　　　　　　　　　　　　　　　）

問5 写真Cは満洲事変後の中国の人々の危機感をあらわしている。中国の人々の気持ちを想像してみよう。

（　　　　　　　　　　　　　　　　　　　　　　　　　　）

✓ **チェックポイント**

①中国の統一をめざして北伐をはじめた人物‥‥‥‥‥‥‥‥‥‥‥‥‥‥‥（　　　　　）

②1931年，南満洲鉄道爆破を中国軍のしわざとして関東軍が満洲全域を軍事占領した出来事

‥‥‥‥‥‥‥‥‥‥‥‥‥‥‥‥‥‥‥‥‥‥‥‥‥‥‥‥‥‥‥‥‥‥（　　　　　）

③国民党と共産党の内戦を停止し，両者の一致抗日をもとめた事件‥‥‥‥‥‥（　　　　　）

(33) 世界は戦争の道を歩みはじめた

1　ヨーロッパにおけるファシズムの拡大

(1) ドイツではナチ党が大規模な公共事業で失業者を減らす

→その一方で，反対者や❶ _____ を迫害

(2) 1933年，ドイツは国際連盟脱退

(3) 1935年，イタリアがエチオピア侵略開始，翌年併合

→1936年，❷ _____ 成立

(4) 1937年，ドイツ・イタリアは日本を加えて❸ _____

_____ 締結

(5) 1937年，イタリアは国際連盟脱退

2　スペイン内戦

(1) コミンテルンによる❹ _____ のよびかけ

→1936年，フランス・スペインで❹内閣が誕生

(2) スペインで❺ _____ を中心に軍部が反乱し内戦となる（❻

_____ ）

→政府軍に各国から義勇兵参加，ソ連が武器援助。しかし，ドイツとイタ

リアが反乱軍を支援し，1939年に反乱軍が勝利

3　日中戦争

(1) 1937年，北京郊外で日中両軍が衝突（＝❼ _____ 事件）

→日中は全面戦争へ＝日中戦争

→日本は上海・南京などを占領，その際❽ _____ をおこす

→国民政府の❾ _____ は英米の支援を期待して抗戦。共産党は

中国北部でゲリラ戦を展開

(2) 1940年，日本は南京に❿ _____ を首班とする政府樹立

→中国の人々の幅広い支持を集められず

4　戦時体制下の日本

(1) 1937年から日本では⓫ _____ を展開

(2) 1938年，⓬ _____ 成立。議会によらず国民生活を

統制可能

(3) 1940年，既成政党が解党し⓭ _____ 結成→末端に隣組

→全国民を戦争に協力させる組織へ

(4) 労働組合は解散させられ，⓮ _____ へ

(5) 1941年，小学校は⓯ _____ と改められる

→教育の目標は，天皇のために尽くす国民の育成

Kotoba (ことば)
❷のヒント　スペイン内戦で反乱軍を支援したドイツとイタリアが提携し，両者を結ぶ線が世界の中心（軸）になるという表明。

Kotoba (ことば)
❻のヒント　人民戦線政府がスペインで誕生し，政府に反対する軍部との間で内戦が発生，独伊が軍部を支援し，人民政府を各国の義勇兵やソ連が支援した。ファシズム国家と反ファシズム勢力の争いでもあった。

Kotoba (ことば)
⓭のヒント　日中戦争長期化に伴い近衛内閣時に戦争協力のための新体制運動をすすめる組織。政党は解散し合流した。末端には隣組などの協力機関が組織された。

p.67 クイズの答え　①

Ⓐ

Ⓑ

モンゴル
人民共和国

「満洲国」

ソ連

ハルビン

ウラジヴォストーク

奉天

大連

朝鮮

京城

日本

包頭 37.10

北京

天津

旅順

威海衛 38.3

盧溝橋

太原
37.11

済南
37.12

青島

西安

河南
44.3

徐州 38.5

南京37.12

上海

中華民国

漢口
38.10

杭州
37.11

重慶

長沙
41.9

南昌
38.11

台湾

広州 38.10

香港

0　　500km

日中戦争に
おける戦線
← 日本軍の進路
数字 占領年月

問1 Ⓐのゲルニカはスペイン内戦時に市民に対しておこなわれたある行為が主題である。それは何か。

問2 ゲルニカの作者は誰か。また作者のこの絵に込めた思いは何か。

　作者(　　　　　　　　)　　思い(　　　　　　　　　　　　　　　　　　　　)

問3 日中戦争は，1937年のある事件からはじまっている。その後どのように戦線が変化しているか。

Ⓑの地図をみて，事件名とともに考えよう。　事件名(　　　　　　　　　　　　)

問4 ドイツ・イタリア・日本の対外侵略の進め方について教科書を読んで国別にまとめよう。

ドイツ	
イタリア	
日　本	

問5 ドイツ・イタリア・日本の対外侵略の進め方について，問4から共通点を探してみよう。

☑ **チェックポイント**

①国際的に孤立する日本などが共産主義に対抗する名目で結んだ協定…(　　　　　　　)

②華北への侵略する日本軍が1937年に北京郊外で中国軍と衝突した事件

………………………………………………………………………(　　　　　　　)

③日中戦争が長びくなか，国民の総力を議会の承認なしに統制することができる法律

………………………………………………………………………(　　　　　　　)

34 ふたたび世界大戦がはじまった

1 ナチ=ドイツの侵略と第二次世界大戦の勃発

(1) ナチ=ドイツ…すべてのドイツ人の統合と「ドイツ人の生存圏」の確保を掲げる

→1938年にオーストリア併合，チェコスロヴァキアにズデーテン地方割譲要求し，拒否される

→1938年，独英仏伊による❶＿＿＿＿＿＿＿＿＿開催

→戦争回避のため各国はドイツの要求を認める

→1939年3月，ドイツはチェコスロヴァキアを解体

(2) 1939年8月，ドイツがソ連と❷＿＿＿＿＿＿＿＿締結

(3) 1939年9月，ドイツがポーランドに侵攻→英仏がドイツに宣戦

→❸＿＿＿＿＿＿＿＿はじまる

(4) 1939年，ソ連が❹＿＿＿＿＿＿＿に侵攻，ドイツと分割

(5) 1940年，ドイツは占領地を拡大，イタリアもドイツ側で参戦

Kotoba（ことば）
❶のヒント　チェコスロバキアのズデーテン地方の割譲要求を協議する国際会議。独英仏伊の首脳が出席するもチェコスロバキアやソ連の代表は招かれず。

2 第二次世界大戦と日本

(1) 日本の陸軍が❺＿＿＿＿＿＿との提携主張

(2) 1940年9月，日本軍は❻＿＿＿＿＿＿＿

に進駐→❼＿＿＿＿＿＿＿の切断と資源確保のため

(3) 1940年，日本は❽＿＿＿＿＿＿＿締結

→日米関係の急速な悪化。1941年4月から❾＿＿＿＿＿開始

(4) 1941年，ソ連と❿＿＿＿＿＿＿を結び，北方の脅威を除く

Kotoba（ことば）
❼のヒント　アメリカやイギリスは重慶にある蔣介石の国民政府に物資や武器などの援助をおこなった。その輸送路のこと。

3 独ソ戦の開始

(1) 1941年6月，ドイツ軍がソ連侵攻，⓫＿＿＿＿＿＿がはじまる

(2) 1941年8月，アメリカ・イギリスの首脳が⓬＿＿＿＿＿＿発表

→戦後の国際秩序の構想，ソ連も支持表明

4 太平洋戦争のはじまり

(1) 1941年7月，日本は⓭＿＿＿＿＿

へも進駐→アメリカは石油禁輸措置など経済的圧力をかける

(2) 1941年11月，アメリカの非妥協的な最終案で破局

→1941年12月8日，日本は⓮＿＿＿＿＿＿上陸

→同日，⓯＿＿＿＿＿＿を攻撃，その後，英米に宣戦布告

→⓰＿＿＿＿＿＿（アジア太平洋戦争）はじまる

→独伊も米に宣戦，米英ソの⓱＿＿＿＿＿形成，再び総力戦へ

Kotoba（ことば）
⓯のヒント　ハワイオアフ島のアメリカ太平洋艦隊を日本軍は奇襲攻撃した。宣戦布告前の攻撃となり，のちにアメリカの戦意高揚に利用された。

「いつまで仲良くできるかな？」
WONDER HOW LONG THE HONEYMOON WILL LAST?

問1　**A**は第二次世界大戦前のヨーロッパのある会談の風刺画である。この絵が示すドイツとイギリス，ソ連の思惑を想像して書いてみよう。

ドイツ　（　　　　　　　　　　　　　　　　　　　　　　　　　　　　　　　）

イギリス（　　　　　　　　　　　　　　　　　　　　　　　　　　　　　　　）

ソ　連　（　　　　　　　　　　　　　　　　　　　　　　　　　　　　　　　）

問2　**A**が風刺した会談名(1938年)は何か。またその会議の結果，ドイツのズデーテン併合が認められたが，その後どのようなことがおこったのだろうか。

会談名(　　　　　　　　　　　　　　)

その後おこったこと(　　　　　　　　　　　　　　　　　　　　　　　　　　)

問3　**B**が風刺しているのは独ソのある条約(1939年8月)である。①その条約名を答え，②ドイツのヒトラー，ソ連のスターリンの思惑を想像して答え，③条約後のドイツの動きを答えよう。

①(　　　　　　　　　　　　　　)

②ドイツ(　　　　　　　　　　　　　　　　　　　　　　　　　　　　　　　)

　ソ　連(　　　　　　　　　　　　　　　　　　　　　　　　　　　　　　　)

③(　　　　　　　　　　　　　　　　　　　　　　　　　　　　　　　　　　)

問4　ヨーロッパで第二次世界大戦がはじまると，日本では陸軍中心の勢力がドイツとの提携と南進（仏領インドシナ北部進駐）をすすめ，ある同盟が締結された。これが，日米関係を急速に悪化させた。①この同盟名と，②なぜ日本はアメリカとの開戦にふみきったのか，を考えてみよう。

①(　　　　　　　　　　　　　　)

②

☑**チェックポイント**

①ドイツがソ連との不可侵条約を結んだあと独ソが直後に侵攻した国…(　　　　　　　　　　　　)

②悪化した日米関係を打開するため1941年4月からおこなわれた交渉…(　　　　　　　　　　　　)

③日本が対英米宣戦布告前に奇襲攻撃した場所………………………(　　　　　　　　　　　　)

㉟ 戦争が終わった

Kotoba(ことば)
❶のヒント アジアの共存共栄を掲げていたが実態は異なった。

1 大東亜共栄圏

(1) 日本は❶＿＿＿＿＿＿＿＿＿＿＿＿構想を掲げる

→欧米植民地からのアジアの解放をうたう。しかし，実態は❷＿＿＿＿＿

・ゴムなどの資源獲得目的の侵略戦争

→日本への反発が強まり，東南アジア各地で抗日運動展開

(2) 日本は植民地下の朝鮮で，日本語の使用，❸＿＿＿＿＿＿＿などを強制

2 ドイツの軍事支配と抵抗

(1) ドイツはユダヤ人を❹＿＿＿＿＿＿＿(居住区)におしこみ，さらに

❺＿＿＿＿＿＿＿＿＿＿に送り，❻＿＿＿＿＿などで殺害

→この大量殺害は❼＿＿＿＿＿＿＿＿とよばれる

(2) ドイツはフランスや東欧の占領地域住民を強制労働にかりたてる

→フランスなどでドイツ支配への❽＿＿＿＿＿＿(抵抗)運動

広がる

3 ドイツ・日本の降伏

(1) 連合国は1942年から反撃

・1942年，❾＿＿＿＿＿＿＿＿＿でアメリカが日本に大打撃

・1943年，❿＿＿＿＿＿＿＿＿＿＿＿＿でソ

連がドイツに大打撃

・1943年，イタリアが無条件降伏

・1944年，パリ(フランス)解放

・1945年5月，ドイツが無条件降伏

(2) 連合国は1945年2月，⓫＿＿＿＿＿＿＿＿＿でドイツの戦後処理と，

ソ連の対日参戦を決定

・1945年3月の⓬＿＿＿＿＿＿＿＿＿以降，日本への空襲が本格化

・1945年3月，アメリカ軍が沖縄上陸，⓭＿＿＿＿＿＿はじまる

→住民を巻き込む地上戦で県民12万人が犠牲に

・1945年7月，連合国は⓮＿＿＿＿＿＿＿で日本に降伏よびかけ

・1945年8月6日に⓯＿＿＿＿＿，8月9日に長崎に，アメリカは⓰

＿＿＿＿＿投下→8日のソ連の対日参戦前に戦争終結を急ぐ

・1945年8月14日，日本は⓮受諾を決定，15日，天皇のラジオ放送

・1945年9月2日，東京湾のアメリカ戦艦上で⓱＿＿＿＿＿＿調印

→第二次世界大戦終結。全世界で⓲＿＿＿＿＿以上の犠牲者，多くは市

民

問1　写真🅰はアメリカの原子爆弾投下による。なぜアメリカはこの新しい核兵器を急いで使用したのか考えよう。

問2　写真🅱はドイツが占領地域でおこなっていたことである。この行為を何というか。

問3　どのような経緯でドイツと日本が降伏に至ったのか，まとめてみよう。

問4　第一次世界大戦と第二次世界大戦の共通点と違いについて，戦争原因や武器，戦い方や犠牲者の性格などについて比較して考えてみよう。

✅ チェックポイント

①日本が欧米の植民地支配からのアジア解放を掲げた構想‥‥‥‥‥‥(　　　　　　　　　　　)

②連合軍が日独への反撃に転じたきっかけになった2つの戦い

‥‥‥‥‥‥‥‥‥‥‥‥‥‥(　　　　　　　　　)(　　　　　　　　　)

③アメリカがソ連の対日参戦までに投下をめざした新兵器‥‥‥‥‥(　　　　　　　　　　　)

㊱ 新しい世界秩序が築かれた

Kotoba(ことば)
❷のヒント　名称は第二次世界大戦中にアメリカのフランクリン=ローズヴェルト大統領が考え出した。本部はニューヨーク。アメリカ主導の戦後国際秩序の要。

Kotoba(ことば)
❺のヒント　常任理事国(五大国)と非常任理事国で構成される。平和維持の強い権限をもつ。

Kotoba(ことば)
⓬のヒント　アメリカの国務長官が発表。ヨーロッパの経済安定と共産主義の浸透防止を意図。

Kotoba(ことば)
⓱のヒント　東欧諸国とソ連が西側のNATOに対抗して組織した軍事機構。ポーランドの首都で締結。西ドイツ再軍備とNATO加盟に反発。

① 国際連合の成立

(1) 1941年の❶＿＿＿＿＿＿＿＿＿＿＿＿＿＿にもとづき，1945年６月，連合国は，

❷＿＿＿＿＿＿＿＿＿＿＿＿憲章を採択

→51カ国で❷が発足

→国際平和と安全の維持，❸＿＿＿＿＿・❹＿＿＿＿＿

の尊重のための国際協力を目的

→国際紛争への武力制裁決定権をもつ❺＿＿＿＿＿＿＿＿＿設置

→常任理事国(米・ソ・英・仏・中)に❻＿＿＿＿＿＿与える

② アメリカ主導の戦後国際経済体制

(1) 1944年の❼＿＿＿＿＿＿＿＿＿＿会議で設置を決定

→為替を安定させるための❽＿＿＿＿＿＿＿(ＩＭＦ)

→戦後復興と開発途上国の開発のために融資をおこなう❾＿＿＿＿＿

＿＿＿＿＿＿(ＩＢＲＤ)

(2) 1947年，❿＿＿＿＿＿＿(ＧＡＴＴ，関税と貿易に関する一般協定)調印

→ドルを基軸通貨とする国際経済体制(❼体制)が成立

③ 冷戦のはじまり

(1) 1947年，アメリカは⓫＿＿＿＿＿＿＿＿＿＿＿＿＿を発表

→ソ連・共産主義に対する「封じ込め」政策展開。さらにアメリカ援助によるヨーロッパ経済復興計画(⓬＿＿＿＿＿＿＿＿＿＿＿)を発表

(2) ソ連は東欧諸国と⓭＿＿＿＿＿＿＿＿＿＿を結成

→1949年，⓮＿＿＿＿＿＿＿＿(コメコン)で結束強化

(3) 米ソの対立はドイツの戦後処理をめぐり深刻化

→ソ連占領地区内の首都ベルリン=米・英・仏・ソの共同管理

→1948年，通貨改革をめぐる対立からソ連が⓯＿＿＿＿＿＿

をおこない，米英は空輸作戦で対抗

→1949年，ドイツ連邦共和国(西独)とドイツ民主共和国(東独)が成立

→1949年，西欧諸国と米・加が⓰＿＿＿＿＿＿

(ＮＡＴＯ)結成。1955年に西ドイツが加盟

→1955年，東欧諸国とソ連が⓱＿＿＿＿＿＿

を組織

→ヨーロッパは西側陣営と東側陣営に分断(⓲＿＿＿＿＿

＿＿＿)

考えてみよう …………●

A

B

国際連盟		①
ジュネーヴ	本部	ニューヨーク
全会一致の原則 （加盟国全部の同意 が必要）	表決手続	多数決制 （安全保障理事会は, 5常任理事国が拒否 権をもつ）
経済封鎖 （武力制裁なし）	制裁措置	武力制裁を規定 （国連平和維持軍の 派遣）

問1 写真**A**の子どもたちは, ①なぜ飛行機に手を振っているのか。そして, ②この状況はなぜ生まれたのか。

①

②

問2 連合国は大戦中から戦後の国際機構設立を考えた。その組織は**B**に示すように戦前の国際連盟とは明らかに異なる表決手続きと制裁措置をもつ。①1945年に設立されたその組織名と, ②その違いを答えよ。

①（　　　　　　　　　　　）

②

問3 戦後の経済復興を主導したアメリカは自由貿易を主軸とする国際的な経済秩序をつくり上げた。そのための, ①組織と, ②ルールを答えよう。

①（　　　　　　　　　　　　　）　　（　　　　　　　　　　　　　　　　）

②（　　　　　　　　　　　　）

問4 ヨーロッパは二つの陣営に分かれた。①西側陣営の組織と東側陣営の組織を答え, ②この対立をさす呼称を答えよう。

①西側陣営（　　　　　　　　　　）

　東側陣営（　　　　　　　　　　）

②（　　　　　　　　　　　）

✓ チェックポイント

①安全保障理事会の五大国に認められた重要決議事項で, 反対できる権利…（　　　　　　　　　）

②アメリカのドルを基軸とする国際経済体制……………………………………（　　　　　　　　　）

③アメリカ援助によるヨーロッパの経済復興計画……………………………（　　　　　　　　　）

㊲ 日本は連合国に占領された

Kotoba(ことば)
❷のヒント　第二次大戦時はフィリピン派遣軍司令官で「I shall return」の言葉を残す。朝鮮戦争時には国連軍最高司令官だったが，原爆使用を大統領に進言して許可されず解任された。

1 連合国による日本占領

(1) 戦後の日本は連合国軍占領下におかれる

→最高決定機関はワシントンの❶_____（11カ国）

→しかし，実権は最高司令官の❷_____とその下の❸_____（GHQ）にあった

→GHQが日本政府に命令して政策実施する❹_____

→一方，沖縄や小笠原諸島はアメリカが直接的占領統治をおこなう

2 GHQの占領政策

(1) GHQの占領政策の目標は❺_____と民主化の徹底

・1945年10月，GHQは，❻_____首相に❼_____（＝女性の解放，労働組合の育成，教育の民主化，圧政的な諸制度の廃止，経済の民主化）を発する

・陸海軍の解体，国家神道の廃止，各界指導者の❽_____を断行

・1946年5月，❾_____（東京裁判）が開始

・❿_____による経済の民主化

・⓫_____による自作農創設など

・⓬_____や労働基準法による，労働者の権利の拡大

・1947年，教育基本法により平和と民主主義をめざす教育理念に

→同時制定の⓭_____により六・三・三・四制の新学校制度へ

Kotoba(ことば)
❾のヒント　連合国の裁判官により審判された日本の戦争犯罪を裁く国際裁判所。A級戦犯7名が「平和に対する罪」で処刑された。

3 日本国憲法の制定

(1) 1945年10月から政府は憲法改正検討，GHQは政府案を批判

→GHQの憲法草案をもとに日本政府は改正草案作成

→1946年11月3日，帝国議会の審議修正を経て⓮_____公布（1947年5月3日施行）

→⓯_____・⓰_____・⓱_____の3原則，天皇は「日本国民統合の象徴」，国会が「国権の最高機関」となった

Kotoba(ことば)
⓲のヒント　戦前はパリ講和会議全権随員や外務次官を務め，戦後第1回総選挙後首相。計5度政権を担当。

4 占領下の政治と生活

(1) 1946年，女性参政権を盛りこんだ新選挙法のもとでの戦後初の総選挙実施

→1947年の総選挙で⓲_____が第1党，片山哲首相の連立内閣

→1949年の総選挙で⓳_____率いる民主自由党が圧勝

→その後，長期にわたり保守政権がつづく

　p.75 クイズの答え　①

考えてみよう ……………●

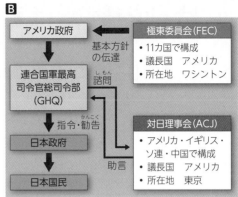

問1 写真**A**の昭和天皇が巡幸に訪れているのは，①どこだろうか。また，②そこはどのような状況だったのか，③市民はどう天皇を迎えたのか。

①(　　　　　　　　　　　　)　　②(　　　　　　　　　　　　　　　　　　　　　　)

③(　　　　　　　　　　　　　　　　　　　　　　　　　　　　　　　　　　　)

問2 図**B**の日本の占領機構のうち，①どの組織が実権をもっていたのか。②その統治形態を説明せよ。

①(　　　　　　　　　　　　　　　　　　　　　　)

②(　　　　　　　　　　　　　　　　　　　　　　　　　　　　　　　　　　)

問3 問2の①が財閥解体や農地改革による自作農創設をすすめたのはなぜか。

問4 日本国憲法はどのような特徴をもっているのか。国のしくみのうち，天皇は戦前と比較してどのように変わったのか。

問5 問1から問4までをふまえて，敗戦後の日本はどのように変わったのか，まとめてみよう。

✓チェックポイント

①日本の占領統治の実権をもつのは最高司令官と何という組織か……(　　　　　　　　　)

②対日占領政策の目標は何か…………………………………………(　　　　　　　　　)

③戦後の教育の民主化のため，1947年に制定された法律は何か………(　　　　　　　　　)

Ｑクイズ マッカーサー退任の際，日本人から届いた手紙は約何通か。　　①5000通　②5万通　③50万通　**77**

(38) 冷戦の影響は東アジアにもおよんだ

[1] 中華人民共和国の成立

(1) 中国での国民党と共産党の対立，第二次世界大戦末期に深まり戦後本格化

→内戦に共産党が勝利し，1949年10月に❶_____を主席とする

❷_____建国

(2) ❷はソ連と❸_____を結ぶ

(3) ❹_____率いる国民党は，内戦に敗れ台湾に移り政権維持

→アメリカや日本は，中華民国政府(国民政府)と国交を結ぶ

[2] 朝鮮戦争

(1) 日本の植民地支配後の朝鮮半島は，北はソ連，南はアメリカに❺_____を境として分割占領

→北は❻_____を首相とする朝鮮民主主義人民共和国(北朝鮮)，

南は❼_____を大統領とする大韓民国(韓国)成立

→1950年６月，北朝鮮軍は❺をこえて韓国に侵攻。米軍主体の国連軍が韓国側を，中華人民共和国軍は北朝鮮側を支援

→1953年に❽_____が結ばれ，以後，南北分断が固定化

[3] 対日占領政策の転換

(1) 冷戦の本格化を背景に，アメリカは対日占領政策を非軍事化から経済の自立と政治の安定に転換

(2) 1948年12月，ＧＨＱは❾_____実施を指令

→1949年，ＧＨＱ財政顧問の❿_____がその具体策を示す

→財政支出をおさえた超均衡予算の編成，１ドル=360円の⓫_____の設定など

→一連の具体策を⓬_____という

→敗戦後からのインフレをおさえ物価も安定したが，不況が深刻化

(3) 朝鮮戦争勃発後，日本は国連軍の出撃と補給の基地に

→1950年７月，ＧＨＱは⓭_____創設を指令

→治安維持を目的とするが，再軍備の第一歩に

→職場の共産党員や同調者が追放される(⓮_____)

(4) 低迷した日本経済は朝鮮戦争を機に活気を取り戻す

→アメリカ軍の武器・車両の修理，弾薬の製造など大量の発注が日本に

→1951年には工業生産・両実質国民総生産が戦前水準に回復(⓯_____)

Kotoba(ことば)
❶のヒント 戦前から国民党と内戦を戦い，国共合作後は抗日戦争を戦う。農民出身で，農民解放を広げた。

Kotoba(ことば)
⓱のヒント 当初は土嚢用麻袋や軍用毛布，綿布・トラック・砲弾など。車両や戦車，艦船・戦闘機などの修理を戦前の生産技術を生かして大量に受注した。

Ⓐ

問1 写真Ⓐの出来事までに，中国では第二次世界大戦
末期から国内でどのような対立が深まっていたのか。

（　　　　　　　　　　　　　　　　　　　　　　　）

問2 戦後にアメリカや日本が国交を結んだのは，内戦
に敗れた蔣介石の中華民国政府だったのはなぜか。

（　　　　　　　　　　　　　　　　　　　　　　　　　　　）

問3 戦後，朝鮮半島では米ソの分割占領がおこなわれた。北と南に成立した国はそれぞれ何か。

北（　　　　　　　　　　　　　　　）　　　南（　　　　　　　　　　　　　　　）

問4 朝鮮戦争はどのような経緯ではじまったのか。

（　　　　　　　　　　　　　　　　　　　　　　　　　　　　　　　　　　　　　　　）

問5 朝鮮戦争は多くの犠牲者を生む一方で，日本の工業生産を変貌させた。変化の原因は何だろうか。

（　　　　　　　　　　　　　　　　　　　　　　　　　　　　　　　　　　　　　）

問6 冷戦の本格化にともないアメリカは日本の占領政策を転換させた。何から何へ転換し，また，そ
れはどのような理由からか。

（　　　　　　　　　　　　　　　　　　　　　　　　　　　　　　　　　　　　　　　）

問7 冷戦が，①中国，②朝鮮半島，③日本に与えた影響を問1から問6を参考に，それぞれ書いてみよう。

①（　　　　　　　　　　　　　　　　　　　　　　　　　　　　　　　　　　　　　）

②（　　　　　　　　　　　　　　　　　　　　　　　　　　　　　　　　　　　　　）

③（　　　　　　　　　　　　　　　　　　　　　　　　　　　　　　　　　　　　　）

✅ **チェックポイント**

①戦後，中国の内戦の結果生まれた国家は何か‥‥‥‥‥‥‥‥‥（　　　　　　　　　　　　）

②冷戦が深まり，対日占領政策の重心は非軍事化から何に移ったか

‥‥‥‥‥‥‥‥‥‥‥‥‥‥‥‥‥‥‥‥‥‥‥‥‥‥‥‥‥‥‥（　　　　　　　　　　　　）

③朝鮮半島で休戦協定が結ばれた場所の緯度は何度か‥‥‥‥‥（　　　　　　　　　　　　）

Qイズ 朝鮮特需により倒産寸前だったある自動車会社が救われたが，それはどこか。
①日産　②スバル　③トヨタ

㊎ 日本は新たな道を歩みはじめた

Kotoba(ことば)
❶のヒント　第二次世界大戦の連合国の対日講和会議。この会議で平和条約が結ばれ、占領が終わった。

Kotoba(ことば)
❹のヒント　独立後も在日米軍は駐留することになる。その根拠となった条約。

Kotoba(ことば)
⑬のヒント　マーシャル諸島ビキニ環礁付近のアメリカ水爆実験で、航海中の漁船が「死の灰」を浴び23名が被曝した事件。

1　講和と主権の回復

(1) 1951年9月，❶＿＿＿＿＿＿＿＿＿＿＿＿＿会議開催

→❷＿＿＿＿＿＿首相は，❸＿＿＿＿＿＿＿＿＿＿＿＿＿＿＿＿締結

→社会主義諸国を含む全面講和をもとめる世論が高まっていたが，❷首相は資本主義諸国との早期講和の道を選択

→1952年4月発効，占領の終了と日本の主権の回復
沖縄，奄美，小笠原諸島はアメリカ施政権下におかれる

→社会主義諸国との講和やアジア諸国への賠償問題が課題として残る

2　安保条約の成立

(1) ❸調印と同日，日本は❹＿＿＿＿＿＿＿＿＿＿を締結

→独立後の日本への米軍駐留を認める。1952年，❺＿＿＿＿＿＿＿＿＿締結，米軍の駐留費用を日本が負担する

→安全保障をアメリカに依存，❻＿＿＿＿＿＿の国として歩む

3　独立後の日本と平和運動の展開

(1) 独立後の民主化への反動

→❼＿＿＿＿＿＿＿＿解除，戦前政治家の政界復帰

→過激な政治運動の取締り強化のため，❽＿＿＿＿＿＿＿＿＿成立

→警察予備隊が❾＿＿＿＿＿＿＿に改組

→1954年，❿＿＿＿＿＿＿＿＿＿（日米相互防衛援助協定など）を締結
1954年，陸海空からなる⓫＿＿＿＿＿＿＿が発足

(2) ❷内閣の親米路線のもと，戦争体験をもつ国民の平和への意識は浸透

→⓬＿＿＿＿＿＿＿＿＿（石川県）や砂川闘争（東京都）など米軍基地反対運動が各地でおこる

→1954年のアメリカの水爆実験にともなう⓭＿＿＿＿＿＿＿を契機に⓮＿＿＿＿＿＿＿＿＿が組織され国民運動に発展。1955年に広島で第1回⓯＿＿＿＿＿＿＿＿＿＿＿が開催される

→最初の被爆国として，⓰＿＿＿＿＿＿＿＿＿を求める運動の先頭に

p.79 クイズの答え　③

考えてみよう••••••••●

 **A**

 **B**

問1 写真**A**で，日本は資本主義諸国との早期講和を選択した。それはなぜか。

問2 写真**B**で，世論は社会主義国も含むすべての国との講和を求めた。なぜ，世論は全面講和を求めたのか。

問3 日本はサンフランシスコ平和条約により主権を回復する。その際に放棄した地はどこか。

（　　　　　　　　　　　　　　　　　　　　　　　　　　　　　　）

問4 サンフランシスコ平和条約締結時に中国・朝鮮や，ソ連と平和条約を結ばなかった理由は何か。

問5 講和後に国際社会に復帰した日本は，どんな課題に直面したのか。問1から問4を参考に答えよ。

✓ チェックポイント ━━━━━━━━━━━━━━━━━━━━━━━━━━━━━━

①サンフランシスコ講和会議で資本主義陣営との単独講和を決断した首相

••（　　　　　　　　　　）

②サンフランシスコ平和条約成立と同日に米軍の駐留を認めた条約…（　　　　　　　　　　）

③独立後，第五福竜丸が被曝した事件をきっかけに組織された運動…（　　　　　　　　　　）

Qクイズ 吉田茂首相の側近でともにＧＨＱに抵抗し，「マッカーサーを叱った男」といわれるのは誰か。
①池田勇人　②宮沢喜一　③白洲次郎

❶　第一次世界大戦と大衆社会

❓第一次世界大戦と大衆社会の到来は、世界にどのような影響をあたえたのだろうか。

　1914年、❶＿＿＿＿＿＿＿＿＿＿事件をきっかけに、植民地と勢力範囲をめぐる列強の対立は❷＿＿＿＿＿＿＿＿＿へと発展した。戦争は長期化し、各国では植民地も含め戦時体制がとられ、❸＿＿＿＿＿＿となった。日本は、❹＿＿＿＿＿＿＿を理由に参戦し、中国のドイツ権益やドイツ領❺＿＿＿＿＿を占領した。また、袁世凱政府に対して❻＿＿＿＿＿＿を受諾させ、アメリカとの間では中国における相互の権益を承認しあった。おもな戦場であったヨーロッパから遠く離れた日本では、この戦争で❼＿＿＿＿＿が出現した。

　第一次世界大戦中の1917年、ロシアでは、労働者と兵士の評議会（❽＿＿＿＿＿）が成立し、臨時政府ができて皇帝が退位させられた。さらにボリシェヴィキ（多数派）を率いる❾＿＿＿＿＿が、臨時政府を倒して政権を獲得し、第一次世界大戦から離脱した。ボリシェヴィキから改称したロシア共産党は、世界革命をめざして1919年に❿＿＿＿＿を組織し、各国に共産党が設立された。1922年、世界初の❽社会主義共和国連邦（ソ連）が成立した。

　1919年、パリで第一次世界大戦の講和会議が開かれ、⓫＿＿＿＿＿条約が結ばれた。この新たな国際秩序を⓫体制という。1920年に⓬＿＿＿＿＿が結成されたが、アメリカは参加しなかった。また、日本の勢力拡大に対処することなどを目的に、1921年に⓭＿＿＿＿＿会議が開かれ、四カ国条約・九カ国条約などが結ばれ、東アジア・太平洋地域の新たな国際秩序である⓭体制が成立した。

　第一次世界大戦後、敗戦国オスマン帝国は滅亡し、1923年に⓮＿＿＿＿＿が成立した。大戦後、アジア諸国の独立運動は盛んになったが、植民地支配の枠組みは温存されたままだった。インドでは、イギリスの弾圧に対し、⓯＿＿＿＿＿の指導のもと、国民会議派が⓰＿＿＿＿＿の運動を展開し、1929年、⓱＿＿＿＿＿の指導のもとで完全独立を宣言した。インドネシアでは、オランダからの独立をめざし⓲＿＿＿＿＿が国民党を結成、ベトナムでは、⓳＿＿＿＿＿がフランスからの独立をめざし、共産党をつくって活動した。

　東アジアでは、ロシア革命やウィルソンの十四カ条などの影響を受け民族運動が盛んになった。朝鮮では、日本の植民地支配に対し、1919年、⓴＿＿＿＿＿がおこり、日本軍が鎮圧した。また同年、中国では⓫条約の内容に抗議する反日運動が全国に拡大した（㉑＿＿＿＿＿）。

　アメリカは、第一次世界大戦の直接的な被害がなく、空前の経済的繁栄が出現し、資本主義経済の中心となった。一定の経済力をもった㉒＿＿＿＿＿が影響力をもつ㉒社会が出現し、自動車や家電製品をもち、映画や音楽、スポーツなどの娯楽を楽しむ㉒文化は、20世紀にヨーロッパから日本などへと広まった。アメリカの繁栄の恩恵はワスプ（ＷＡＳＰ）が享受し、南欧や東欧、日本などアジアからの㉓＿＿＿＿＿労働者は差別される存在であった。日本からの㉓は西海岸に日本街をつくるまでになり、1924年の移民法によって日本からアメリカへの㉓は全面禁止となった。

　日本では、1912年、第一次㉔＿＿＿＿＿がおこり、大正政変によって桂太郎内閣が倒れた。1923年には第2次㉔がおこり、㉕＿＿＿＿＿を求める動きが高まり、1925年には㉕法が制定

された。このように，大正から昭和の初期にかけては㉖_____とよばれる民主主義的風潮が強まった時期で，被差別部落の社会的差別の撤廃を求める㉗_____や，女性の政治参加を求める新婦人協会の設立など，さまざまな社会運動が展開した。

❷　経済危機と第二次世界大戦　❓なぜ 2 度目の世界大戦がおこったのだろうか。

1929年10月，ニューヨークのウォール街でおこった株価の大暴落は㉘_____をひきおこした。イタリアでは㉙_____がファシスト党を率い，ドイツでは㉚_____が総統であるナチ党が大衆の支持を集め，勢力を拡大した。イタリアもドイツも議会主義や共産主義を否定し，国家による社会統制をめざす㉛_____体制をとり，経済危機を乗り越えようとした。

日本においては，1920年代後半からの㉘をはじめとする相次ぐ恐慌に対し，軍部や右翼勢力が政党政治を批判し，中国大陸進出をすることでこの状況を打開しようとした。1931年，㉜_____は満洲事変をおこし，「満洲国」を建国(1932年)した。これが国際的に非難されると，日本は⑫から脱退し，国際的に孤立の道を歩んだ。

ヨーロッパでは，ドイツのナチ党が1939年，㉝_____を結んだうえで㉞_____に侵攻，第二次世界大戦がはじまった。1940年，ドイツは㉟_____を占領し，フランスは降伏した。

日本は，1940年，北方の脅威を取り除くためソ連と㊱_____を結んだ。これに対し，アメリカは㊲_____禁輸などの対抗措置を取り，日本は1941年，対英米戦争である㊳_____へと突入した。ドイツ・イタリアもアメリカに宣戦し，戦争は世界的規模に拡大した。アメリカ・イギリス・ソ連を中心とする連合国が形成され，軍縮と不戦につとめてきた国際社会は，第一次世界大戦を上回る規模の❸に突入した。1942年から連合国が反撃を開始，1943年にイタリア，1945年にドイツが無条件降伏した。一方日本は，1942年の㊴_____海戦以降，アメリカ軍の反撃を受け，沖縄戦では住民を巻きこんだ激しい地上戦がくり広げられた。1945年 7 月に連合軍は㊵_____により日本に降伏をよびかけたが，日本政府は応じず，㊶_____と㊷_____に原子爆弾が投下された。日本政府は㊵を受諾し降伏した。

❸　第二次世界大戦後の世界と日本

❓第二次世界大戦後の世界では，どのような国際関係や経済秩序が形成されたのだろうか。

第二次世界大戦中の1941年に米英首脳が打ち出した㊸_____をもとに，1945年に㊹_____が設立された。しかし，大戦中からアメリカとソ連は政治体制の違いから相互不信が高まり，アメリカはヨーロッパを支援する㊺_____を発表，ソ連も東欧諸国とコミンフォルムやコメコンを結成した。1949年にアメリカ・カナダと西欧諸国が北大西洋条約機構(㊻_____)を結成すると，1955年にソ連は東欧諸国と㊼_____を組織した。こうして東西の対立(㊽_____)がはじまった。日本は連合国に占領され，㊾_____を最高司令官とする連合国軍最高司令官総司令部(ＧＨＱ)の指導のもと，非軍事化と民主化への道をすすみはじめた。しかし，㊽の影響は東アジアにもおよび，日本の植民地支配が終わった朝鮮は，㊿_____線を境に南北に米ソで分割占領された。一方，日本は，1951年 9 月にサンフランシスコ平和条約を結び，主権を回復した。

40 アジア・アフリカの国々が独立した

1 西アジア諸国の独立

(1) アラブ人

・❶ 　　　　　　　　　　　　・ヨルダン・シリアが，エジプト・イラク・サウ

ジアラビア・イエメンなどの戦前からの独立国とともに団結→❷

　　　　　　　　　　　結成（1945）

(2) パレスチナ

・19世紀末以降，ユダヤ人が移住

→先住のアラブ人（パレスチナ人）との対立が続く

→ユダヤ人が❸　　　　　　　　　　　　　の建国宣言（1948）

→❷と軍事衝突（❹　　　　　　　　　　　　　　　）

→アラブ側は敗北，多くのアラブ人が難民に（パレスチナ難民）

2 南アジア・東南アジア諸国の独立

(1) 南アジア

・❺　　　　　　　　　　　　（ヒンドゥー教徒が多い）と❻

　　　　　　　　　　（ムスリムが多い）に分裂，それぞれイギリスから独立（1947）

→その後も❺と❻の対立は続く

→第３次戦争で東パキスタンが❼　　　　　　　　　　　　　　　　とし

て独立（1971）

(2) 東南アジア

・❽　　　　　　　　　　　　・ビルマ・マレーシア…平和的な独立

・インドネシア…❾　　　　　　　　　　　に率いられ，オランダから独立

・ベトナム…❿　　　　　　　　　　　　　　　に指導され，フランスから独立

→⓫　　　　　　　　　　　　　　は長期化→ベトナム戦争へ発展

3 第三世界の台頭

・1960年に17カ国が独立→「⓬　　　　　　　　　　　　　　」とよばれる

・アジア・アフリカの新興諸国は，アメリカ・ソ連と距離をおく

→⓭　　　　　　　　　　　とよばれる

・インドネシアで⓮　　　　　　　　　　　　　　　　　開催（1955）

→独立を回復した日本を含む29カ国が参加

・ベオグラードで第１回⓯　　　　　　　　　　　　　　　開催（1961）

→⓭は国際社会で存在感を強める

・新興諸国の多くは経済的に自立が困難

→現実的には東西両陣営のどちらかの援助や投資に頼らざるを得なかった

Kotoba（ことば）
ヒンドゥー教 インドやネパールで多数派を占める民族宗教。人口の上で世界第３番目の宗教。

Kotoba（ことば）
ベオグラード 旧ユーゴスラビアの首都。

考えてみよう …………●

問1　第二次世界大戦後に独立した国を，**A**の地図にすべて着色してみよう。

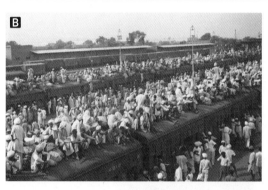

問2　写真**B**は，どんな状況を写しているか。

問3　写真**C**の会議の前提となる「平和五原則」を発表した人物を答えなさい。

（　　　　　　　　　　　　　　　　）

問4　写真**C**の会議をアジア・アフリカ諸国だけで開催できたのはなぜか，**A**の地図をふまえて考えよう。

問5　問1 ～ 4の考察をふまえ，アジア・アフリカ諸国はどのように独立し，結束を強めたのか，整理しよう。

✅チェックポイント

①イスラエルの独立を認めないアラブ連盟との軍事衝突…………………（　　　　　　　　　　）

②インドシナ戦争・ベトナム戦争を指揮したベトナム人指導者………（　　　　　　　　　　）

③1961年にベオグラードで開催された第三世界の会議…………………（　　　　　　　　　　）

クイズ　インドネシア側に立って独立戦争で戦ったのは？　　　①中国義勇兵　②フランス軍　③旧日本軍　　**85**

核戦争の危機に世界が恐怖した

1 平和共存の動きとキューバ危機

(1) 「雪どけ」と危機の再発

・米・英・仏・ソ首脳によるジュネーブ4巨頭会談(1955)

・ソ連の❶＿＿＿＿＿＿第一書記が❷＿＿＿＿＿＿＿＿＿＿＿(1956)…資本主義国との平和共存を唱える

・東ドイツ政府が，西ベルリンとの間に❸＿＿＿＿＿＿＿＿＿を建設(1960)

(2) 米ソ間の危機

・キューバで親米政権が倒される(❹＿＿＿＿＿＿＿＿＿＿)(1959)

・ソ連が，キューバにミサイル基地を建設

　→米ソ間に全面的な核戦争の危機(❺＿＿＿＿＿＿＿＿＿＿)(1962)

・アメリカの❻＿＿＿＿＿＿大統領は❶に対し，ミサイル撤去をせまる

　→ソ連が譲歩し，危機回避

・米ソは，両国首脳間にホットラインを設置(1963)

　→米・英・ソで❼＿＿＿＿＿＿＿＿＿を結ぶ

2 東ヨーロッパの動揺とヨーロッパ統合の動き

(1) 東ヨーロッパの動揺

・❽＿＿＿＿＿＿＿＿＿で，政府やソ連に反発する暴動(1956)

・❾＿＿＿＿＿＿＿＿＿で，政治の自由化を求める運動(1956)

・❿＿＿＿＿＿＿＿＿＿で，自由化を求める動き(1968)

　→いずれも，ソ連の介入で鎮圧

(2) ヨーロッパ統合

・フランスや西ドイツなどがＥＥＣ(ヨーロッパ経済共同体)を結成(1958)

　→⓫＿＿＿＿＿＿＿＿＿＿(ＥＣ)に発展させる

3 55年体制の成立と安保闘争

・⓬＿＿＿＿＿＿＿＿調印(1956)…ソ連と国交回復

　→⓭＿＿＿＿＿＿＿への加盟が認められる

・1955年，日本社会党が総選挙で議席を伸ばし，再統一を実現。同年，日本民主党と自由党が合流し，⓮＿＿＿＿＿＿＿＿を結成

　→⓯＿＿＿＿＿＿体制の成立

・岸信介内閣が，⓰＿＿＿＿＿＿＿＿を締結(1960)

　→激しい反対運動(⓱＿＿＿＿＿＿＿)おこる

問1 写真**A**では「人間の顔をした社会主義」の建設がめざされたが，その理由は何か。スターリン批判の内容をふまえて考えよう。

問2 なぜソ連はキューバにミサイル基地を建設したのか，**B**の地図を見て考えよう。

問3 写真**C**について，デモをおこしている人々はどのような考えをもっている人々だろう。

問4 問1～3の考察をふまえ，冷戦構造はどのように変化したか，米ソ・ヨーロッパ諸国・日本に分けて，それぞれのこの時期の「変化」を考えよう。

✓ チェックポイント

①キューバ危機に対応したアメリカの大統領……………………(　　　　　　　　)

②「ヨーロッパ共同体」のアルファベット表記…………………(　　　　　　　　)

③日本がソ連との国交回復を実現した条約………………………(　　　　　　　　)

42 奇跡の高度成長がはじまった

Kotoba（ことば）
❶のヒント　収入金額から必要経費等を差し引いた金額。

Kotoba（ことば）
❸のヒント　神武天皇の祖先と伝わる天照大御神が，そこから出てきたことで世界に光が戻った，という記紀神話がある。

Kotoba（ことば）
❺のヒント　記紀神話に書かれる，天照大御神の父で，日本列島をつくったとされる神。

Kotoba（ことば）
⓫のヒント　国内で消費される食料のうち，どの程度が国内産でまかなわれているかを表す指標。

Kotoba（ことば）
煤煙　石炭など物の燃焼にともなって発生する煙と煤のこと。

1 所得倍増

(1) 1950年代後半〜60年代前半の日本

・経済の急速な成長→国民❶ ＿＿＿＿＿＿＿ が戦前の水準を上回る

・❷ ＿＿＿＿＿＿＿＿＿＿ 内閣の登場

　→憲法改正・再軍備を棚上げ（国民の間の対立を生み出しがちなため）

　→❶倍増を掲げ，国民の生活改善を政策の中心に

　→好景気（❸ ＿＿＿＿＿ 景気）をもたらす

2 高度経済成長の光と陰

(1) 1960年代後半の日本

・❹ ＿＿＿＿＿＿＿＿＿ 政権でも好景気（❺ ＿＿＿＿＿＿＿＿＿ 景気）

・1968年，❻ ＿＿＿＿＿＿＿＿＿（GNP）で西ドイツを抜き，資本主義諸国のなかで第2位となる（1位はアメリカ）

(2) 高度経済成長の背景

・きびしい競争に勝ち抜くため，生産性と品質の向上を徹底的に追求した

・若い人口の増加，かつ❼ ＿＿＿＿＿＿＿＿＿ の高い優れた労働力に恵まれた

・❽ ＿＿＿＿＿＿＿ の支出がGNPの1％におさえられた

(3) 問題点

・多くの若い人口が❾ ＿＿＿＿＿＿＿＿＿ などで大都市に移動

　→農・山村の❿ ＿＿＿＿＿＿＿ が問題

・貿易の自由化によって農産物輸入が増加→⓫ ＿＿＿＿＿＿＿ が低下

・重化学工業の急激な発展や大都市の過密化→公害問題と環境破壊が深刻に

　工場から吐き出される煤煙による大気汚染　┐
　　　　　　　　　　　　　　　　　　　　　├ ｜公害病の原因に｜
　工場の汚染物質のたれ流しによる水質汚濁　┘

　工場の煤煙と自動車の排気ガスで⓬ ＿＿＿＿＿＿＿ が空をおおう

　→公害訴訟や住民運動が高まる

　　→1967年，⓭ ＿＿＿＿＿＿＿＿＿＿ を制定

　　　1971年，⓮ ＿＿＿＿＿＿＿ を設置

3 アジア諸国との関係回復

(1) 東南アジア諸国

・1950年代なかばから後半にかけて，⓯ ＿＿＿＿＿＿＿ 協定を結ぶ

・日本企業が相手国でダムや道路を建設する→日本企業が再進出へ

(2) 韓国

・1965年，⓰ ＿＿＿＿＿＿＿ を結んで国交を樹立

考えてみよう

Ａ

	第1次産業 農・林・漁業	第2次産業 鉱・建設・製造業	第3次産業 金融・運輸・情報通信・サービス業など		
1950年	50.2%		21.3	28.5	
1960年	30.2	28.0	41.8		
1970年	17.4	35.2	47.4		
1980年	10.4	34.8	54.8		
1990年	7.2	33.6	59.2		

問1 Ａのグラフを見て，第1次産業の就業人口が，第2次産業・第3次産業に抜かれたのは，それぞれ何年だろう。

第2次産業（　　　　　　　　　　年）

第3次産業（　　　　　　　　　　年）

問2 第2次産業・第3次産業の就業人口が増えた結果，国民の所得・生活はどうなっただろう。

問3 第1次産業の就業人口が減ったことは，どんな影響をもたらしただろう。

Ｂ

問4 写真Ｂの子どもたちは，なぜマスクをしているのだろう。

問5 この場所にコンビナートが作られた理由を，写真Ｂから読み取ってみよう。

問6 問1～5の考察をふまえ、高度経済成長の良かった点・悪かった点を考えてみよう。

良かった点

悪かった点

✓チェックポイント

①国民所得の倍増を政策の中心にすえた首相……………………………（　　　　　　　　　　　）

②四大公害病とは

…………………（　　　　　・　　　　　・　　　　　・　　　　　）

③環境省の前身となった国の行政機関…………………………………（　　　　　　　　　　　）

④1965年に日本と韓国が結んだ条約……………………………………（　　　　　　　　　　　）

43 アメリカも中国もゆれ動いた

1 ベトナム戦争

・インドシナ戦争は，❶_____により停戦

→北ベトナム(ベトナム民主共和国)・南ベトナム(ベトナム共和国)に分断

・アメリカが南ベトナムを支援→共産主義がひろがることを防ぐため

・1965年，アメリカは北ベトナム空爆(北爆)と南ベトナムへの派兵を開始

→❷_____が本格化

・戦争は長期化→❸_____(1973)で，アメリカ軍は引き上げる

→北ベトナムが南ベトナムを制圧→南北ベトナム統一(1975)

2 アメリカ社会の動揺

・人種差別を実質的になくそうとする❹_____がさかんに

→❺_____(1964)を制定，教育や公共施設における差別は禁止されたが，経済的格差は解消されず

・女性の地位向上や環境問題に取り組む運動が広がる(1960年代後半)

・ベトナム戦争の長期化→戦争反対の声が強まり，世論分裂

・若者の価値観が変化→大学の改革を求める動きなど，ヨーロッパ・日本にもおよぶ

3 中ソ対立と文化大革命

(1) ソ連が平和共存・対米接近→中国は批判，社会主義のあり方をめぐり論争

→国境紛争が局地的な軍事衝突につながる(1969)

(2) ❻_____は社会主義路線強化をめざし，大躍進政策をはじめる(1958)

→農業の集団化をすすめるも生産性が上がらず

→社会主義路線の行き過ぎが修正される

→不満をもつ❻は，❼_____を開始(1966)→社会は大混乱におちいり，工業生産や科学技術も停滞

4 米中接近と日中国交正常化

(1) 米中接近

・アメリカ大統領としてはじめて❽_____が中国を訪問(1972)

(2) 日中国交正常化

・❾_____首相が訪中し，❿_____に調印(1972)

→⓫_____が結ばれる(1978)

(3) 日本への領土返還

・小笠原諸島の返還(1968)，⓬_____の日本復帰(1972)

Kotoba (ことば)
共産主義　財産の一部または全部を共同所有することで平等な社会をめざす理論・社会運動・政治体制。

Kotoba (ことば)
プロレタリア　資本主義社会において，生産手段をもたず，自分の労働力を資本家に売って生活する賃金労働者，またその階級。

p.89 クイズの答え　③

考えてみよう ………●

問1 写真**A**で飛行機が散布しているものは何だろう。

( )

問2 写真**A**の飛行機はどこの国のものか。また，問1の行為をおこなう目的は何だろう。

国名( )

問3 写真**B**で，赤ちゃんを抱いている女性はどんなことを考えているか，想像してみよう。

問4 写真**B**を撮ったカメラマンは，どういう気持ちでシャッターを切ったか，想像してみよう。

問5 写真**C**は1969年にアメリカでおこなわれた音楽祭のようす。この音楽祭には，どんな思いをもった人々が参加していたか考えてみよう。

問6 問1 ～ 5 の考察をふまえ，ベトナム戦争が国際社会に与えた影響を考えてみよう。

✓ チェックポイント

①ベトナム戦争終結のために1973年に結ばれた協定……………………( )

②1966年より毛沢東がおこなった革命………………………………………( )

③日中共同声明に調印をした日本の首相………………………………………( )

㊹ 世界をゆるがした2つのショック

1　ドル=ショック

(1) 対外援助支出の増大，西ドイツや日本の経済成長による貿易赤字，ベトナム戦争の戦費による経済負担などで，アメリカの経済はゆらぐ

　→他国からのドルの金への交換要求に応えられなくなった

(2) ❶　　　　　　　　　　　　米大統領が金とドルとの交換停止を発表(1971)

　→固定相場制を改め，❷　　　　　　　　　　　へ移行

2　中東の紛争と石油危機

(1) ❸　　　　　　　　　　　　戦争の勃発(1967)

・イスラエルは先制攻撃により広大な占領地を獲得

　→パレスチナ人は❹　　　　　　　　　　　　　　　（ＰＬＯ）

　　を中心に対抗

(2) ❺　　　　　　　　　　　　戦争の勃発(1973)

・アラブ産油諸国が❻　　　　　　　　　　を発動

　→イスラエル側の先進諸国に対し原油価格の引き上げ・輸出制限

　→石油輸出国機構（ＯＰＥＣ）が石油価格を引き上げ

　→世界経済は大きく混乱＝❼　　　　　　　　　（オイルショック）

・日本はエネルギーの8割近くを輸入原油に頼っていたため原油価格が高騰，

　「❽　　　　　　　　　　　」といわれる深刻なインフレーションがおこる

　→高度経済成長が終わる

(3) 石油危機後

・先進工業国…代替エネルギー・省エネルギー技術の開発がすすむ

・❾　　　　　　　　　　　　（サミット）を毎年開催

3　イスラームの復興

(1) アラブ諸国の変化

・イスラーム復興運動が台頭

・イラン…シーア派最高指導者の❿　　　　　　　　　が王政打倒(1979)

　→イスラーム政権の樹立（＝⓫　　　　　　　　　　　）

　→翌年，イラクの⓬　　　　　　　　　政権がイランに侵攻

　　→⓭　　　　　　　　　　戦争勃発

・アフガニスタン…親ソ政権の基盤が揺らぐ

　→立て直しのためソ連が軍事介入(1979)

　→反政府ゲリラが全土で展開，戦争が泥沼化

Kotoba (ことば)
固定相場制　各国政府間で外国の貨幣との交換比率を固定・維持できる制度。

Kotoba (ことば)
石油輸出国機構　国際石油資本（メジャー）などから石油産出国の利益を守ることを目的として1960年に設立された組織。

Kotoba (ことば)
シーア派　イスラーム2大宗派の1つ。7世紀の指導者であったアリーとその子孫を指導者とする政治的な分派から出発している。

　p.-91 クイズの答え　①

考えてみよう……………

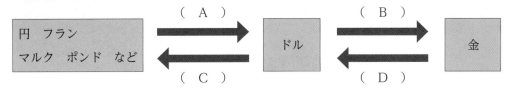

| 円 フラン マルク ポンド など | (A) → ← (C) | ドル | (B) → ← (D) | 金 |

問1 上の空欄(A)～(D)に入る語句として，正しいものを以下から記号で1つずつ選びなさい。

ア．金と交換できる通貨はドルのみ　　イ．各通貨の価値はドルが保証する

ウ．ドルの価値は金が保証する　　　　エ．各通貨とドルの価値を固定

A(　　　)　　B(　　　)　　C(　　　)　　D(　　　)

問2 B・Dの矢印が無くなったとき，どのような経済混乱がおきるか，考えよう。

A ▨イスラエル占領地
■イスラエルによるレバノン南部の「安全保障地帯」(1982年以降)

レバノン
ゴラン高原
ヨルダン川
西岸地区
ガザ地区
地中海
エルサレム
イスラエル
死海
ヨルダン
スエズ運河
スエズ
シナイ半島(1982年エジプトに返還)
サウジアラビア
エジプト
0　100km

問3 Aの地図と教科書P.169 4の地図を見比べて気づいたことを書いてみよう。

問4 Aの地図が示す状況を受け，パレスチナ人はどのような措置をとっただろう。

問5 写真Bは石油危機での日用品の買いだめパニックのようすである。ではなぜ日本人は，買いだめをしようとしたのか。以下の矢印がつながるように考えてみよう。

石油価格の引き上げ→(　　　　　　　　　　　　)

→(　　　　　　　　　　　　)

問6 問1～5をふまえ，ドル＝ショックと石油危機が世界経済に与えた影響を整理しよう。

✓チェックポイント

①イスラエル打倒を掲げて結成された組織……………………………(　　　　　　)

②サミットを日本語で何とよぶか……………………………………(　　　　　　)

③イラン革命をおこしたシーア派の最高指導者………………………(　　　　　　)

㊺ アジアが躍動する

1 アジアの経済成長

(1) 1960年代後半以降

・東南アジアを中心とする開発途上国で，強権政治により開発主義がとられる→共産主義の脅威に対抗するため（例：インドネシア・シンガポール）

(2) 1970年代

・❶＿＿＿＿＿＿＿＿＿＿＿＿＿＿＿（NIES）の躍進

…韓国・❷＿＿＿＿＿＿・香港・❸＿＿＿＿＿＿＿＿＿＿が，アメリカなどへの輸出によって急速に発展

→工業化の波は❹＿＿＿＿＿＿＿＿・タイなどに広がる

・ベトナム…1986年から❺＿＿＿＿＿＿＿（刷新）政策を採用

・中国…❻＿＿＿＿＿の指導により，1978年から「❼＿＿＿＿＿＿＿＿」がめざされ，市場経済を取り入れた改革・開放政策がすすめられる

Kotoba（ことば）
市場経済　個人や企業が必要とするほとんどの物資（財やサービス）を，市場を通じて自由に入手する経済のしくみ。

2 民主化の波とその影響

(1) フィリピン…独裁政権が倒れる（1986）

(2) ❽＿＿＿＿＿＿＿＿＿…内戦の終結（1991）。国連主導で国の再建

(3) 韓国…軍事政権が終わり，直接選挙により大統領が選ばれる（1988）

(4) 北朝鮮…朝鮮労働党による一党支配を堅持 ───→ | 国連に同時加盟 (1991) |

(5) 中国…自由や民主化を要求する学生・市民運動が高まる

→政府は武力で制圧（❾＿＿＿＿＿事件）（1989）

Kotoba（ことば）
❾のヒント　北京市にある明・清代の王宮「紫禁城（現在の故宮博物院）」の第一門前の広場でおきた事件。

3 円高とバブル経済

(1) 日本経済の成長と失速

・省エネルギー化により，いちはやく不況を脱する

→自動車や電気機械などの輸出が拡大

→対米貿易黒字が増えたため，❿＿＿＿＿＿＿がおこる

・1985年，先進5カ国による蔵相会議が開催される

→為替相場をドル安・円高にすることで合意（⓫＿＿＿＿＿＿＿）

→国内消費が増え，輸出入のつりあいがよくなった

企業の海外直接投資が急増→日本企業が海外へ工場進出

日本人の海外旅行者・日本国内の外国人労働者の増加

→急速に国際化

・土地や株に集中的に投資→地価や株価が異常な上昇（⓬＿＿＿＿＿＿＿）

→1990年代前半に地価と株価は暴落し，長期の不況へ

Kotoba（ことば）
為替　売買代金の受払いや資金の移動を，現金を輸送することなくおこなう手段。

問1 写真Aは1990年代はじめの中国のようすだが，この写真から中国にどのような経済的な変化がおきたか考えよう。

問2 独裁政権における経済の特徴はどのようなものだろう。

( )

問3 独裁政権下の国民は，どんな権利を求めているか，考えてみよう。

問4 写真Bの「PEPOLE POWER」とはどのような意味があるだろう。問2・3をふまえて考えよう。

問5 写真Cについて，ここに集まっている人々は，どのような考えをもって集まってきているだろう。

問6 問1～5の考察をふまえ，石油危機後，東南アジアや東アジア諸国はどのような歩みをしたか考えてみよう。

✓ **チェックポイント**

①鄧小平が掲げた「四つの現代化」とは…………………………………( )

②中国の民主化を政府が弾圧した事件…………………………………( )

③為替相場をドル安・円高にした合意…………………………………( )

④1980年代後半に日本でおこった好景気………………………………( )

⑯ 冷戦が終わり，そしてソ連は消滅した

1　新冷戦と新保守主義

(1) 米ソ間の❶＿＿＿＿＿＿＿＿＿（緊張緩和）がすすむ（1970年代前半）

→ソ連が❷＿＿＿＿＿＿＿＿＿に侵攻（1979）

→「新冷戦」とよばれる緊張状態

(2) アメリカの❸＿＿＿＿＿＿＿＿＿大統領の新保守主義

…対外的には，反共産主義・反ソ連で，軍拡路線

国内的には，経済活動を市場の動きや民間の経済活力にゆだねる

2　ソ連の動揺と東欧革命

(1) ソ連

・1980年代，経済が停滞し，軍事費の負担が重くなっていた

・1985年，❹＿＿＿＿＿＿＿＿＿がソ連共産党書記長となる

→❺＿＿＿＿＿＿＿＿＿（改革）と❻＿＿＿＿＿＿＿＿＿

＿＿＿＿＿＿（情報公開）で経済を立て直し，政治の硬直化を打破しようとする

→アメリカと❼＿＿＿＿＿＿＿＿＿（ＩＮＦ）全廃条約に調印（1987）

→アフガニスタンから軍を引きあげる（1989）

(2) 東欧←ソ連の改革の影響

・1989年に民主化の動きがおき，共産党政権が相次いで倒れる（東欧革命）

・東ドイツでは，市民の圧力によって❽＿＿＿＿＿＿＿＿＿が開放

→西ドイツ主導で，東西ドイツが統一（1990）

3　冷戦終結とソ連の消滅

(1) ❹と❾＿＿＿＿＿＿＿＿＿米大統領がマルタ会談（1989）→冷戦終結

・❹は共産党の一党支配を廃止し大統領制を導入するなど改革をすすめる

→ソ連を構成する共和国の間で連邦からの離脱を求める動きが高まる

→15の共和国が❿＿＿＿＿＿＿＿＿（ＣＩＳ）結成

→ソ連消滅

4　西アジア・アフリカの変容

・イラク…石油利権の確保をねらい，⓫＿＿＿＿＿＿＿に侵攻（1990）

→アメリカが多国籍軍を組織，⓫を解放（⓬＿＿＿＿＿＿＿）

・アメリカが，中東和平交渉の仲介に乗り出す

→⓭＿＿＿＿＿＿＿＿＿調印（1993）も，武力衝突頻発

・南アフリカ共和国では⓮＿＿＿＿＿＿＿（人種隔離政策）が続く

→1980年代に国際的な非難が高まり，1991年に⓮諸法は全廃

→反⓮運動の指導者⓯＿＿＿＿＿＿＿が大統領に就任（1994）

考えてみよう………●

問1 写真**A**はチョルノービリ(チェルノブイリ)原発事故である。この事故に対しソ連はどのような対応をしたのか。また，この事故はどのような影響をもたらしただろうか。教科書P.187の地図を参考に，チョルノービリ原発の位置にも注目して考えてみよう。

問2 写真**B**で壁を壊している人々の気持ちを想像してみよう。

問3 ゴルバチョフの改革に反対する人々・国々は，写真**C**を見てどう思うだろうか，考えてみよう。

問4 ソ連の改革とその影響について整理してみよう。

✓チェックポイント

①ソ連が1979年から10年にわたって侵攻していた国……………………(　　　　　　)

②アメリカとソ連が1987年に結んだ条約………………………………(　　　　　　)

③アメリカが多国籍軍を組織してイラクと戦った戦争…………………(　　　　　　)

④南アフリカ共和国で1991年まで続いていた人種隔離政策……………(　　　　　　)

(47) 「唯一の超大国」アメリカがゆらいだ

1 国際社会の安定と新たな混乱

(1) 国際社会の安定

・東西両陣営の間での核戦争の脅威が取り除かれた

・国連を中心にして国際秩序の維持がしやすくなった

・湾岸戦争(1991)ではイラクを国際社会が協力して排除した

　→日本も❶＿＿＿＿＿＿＿＿＿＿＿＿＿＿（PKO

　　協力法)を制定(1992)，各地に❷＿＿＿＿＿＿＿を派遣

(2) 新たな混乱

・❸＿＿＿＿＿＿＿＿＿＿では民族が対立し激しい内戦勃発

・冷戦後の新しい国際秩序がアメリカを中心としてつくられようとしている

　→❹＿＿＿＿＿＿＿＿＿世界など非欧米の国々が反発を強める

Kotoba(ことば)
❸のヒント　その国際的位置から「7つの国境，6つの共和国，5つの民族，4つの言語，3つの宗教，2つの文字，1つの国家」と形容された。

2 アメリカの動揺

(1) 2001年，アメリカで❺＿＿＿＿＿＿＿事件がおきる

　→❻＿＿＿＿＿＿政権は，テロ組織をかくまっているとして，同

　　盟国とともに❼＿＿＿＿＿＿＿＿に軍事介入

　→テロ組織を支援している疑いのある国を名ざしして対決姿勢を強める

　　→2003年，イラク戦争をおこして❽＿＿＿＿＿＿政権を打倒

(2) 2009年，❾＿＿＿＿＿が大統領就任

　→核兵器の廃絶をよびかけ，各国と協力して❿＿＿＿＿の核開発

　　を阻止しようとつとめた

(3) ⓫＿＿＿＿＿＿＿が大統領就任，アメリカ第一主義を掲げる

　→❿との核合意を破棄し，⓬＿＿＿＿＿(地球温暖化対策の国

　　際的協定)からの離脱を表明

3 中国の台頭とロシアの復活

(1) 中国…著しい経済成長を遂げ，アメリカと貿易摩擦をひきおこす

　　→軍事的にもアジア・太平洋において活発な活動を見せるようになる

(2) ロシア…ソ連崩壊時の混乱から立ち直り，大国としての地位を取り戻す

　　→2014年にウクライナの政変に乗じてクリミアの編入を宣言。2022年2月

　　　にはウクライナへの侵攻を開始した

4 混乱の連鎖

(1) 2011年，中東のアラブ諸国で政治変動がおきる(「⓭＿＿＿＿＿＿＿」)

　→混乱は1つの国・地域のなかでおさまらず，地域全体に波及した

　→大量の難民を発生させ，新たなテロ事件を生み出している

Kotoba(ことば)
難民　戦争などから自身の生命を守るため他国に逃げた人々。

問1　写真Aでは，自衛隊員は青色の目立つ帽子を被っているが，その理由を考えよう。

問2　写真Aでは地雷の探査をしている自衛隊員を，カンボジアの人々が見ている。彼らの気持ちを考えてみよう。

問3　写真Bは2001年にアメリカでおこったテロ事件である。では，なぜアメリカがテロの標的となったのだろうか，考えてみよう。

問4　写真Cのシリア難民が発生した理由は何だろう。

問5　問1 〜 4の考察をふまえ，冷戦が終わったことのメリット・デメリットを考えてみよう。

メリット

デメリット

✓ チェックポイント

①世界の平和と安定のために自衛隊を派遣できるようにした法‥‥‥（　　　　　　　　　）

②2009年にノーベル平和賞を受賞したアメリカの大統領‥‥‥‥‥‥（　　　　　　　　　）

③2011年に中東のアラブ諸国でおこった一連の政治変動‥‥‥‥‥‥（　　　　　　　　　）

クイズ　2011年に打ち上げられた最後のスペースシャトルは？
①アトランティス　②エンデバー　③チャレンジャー

㊽ グローバル化の光と陰

① ヨーロッパ統合の動きと地域的経済統合

(1) ヨーロッパ統合

・1993年，ＥＣが加盟国を増やして❶＿＿＿＿＿＿＿＿＿＿＿（ＥＵ）に

→1999年，単一通貨❷＿＿＿＿＿＿＿を導入(2002年から流通開始)

→しかし，加盟国の財政危機などをめぐって内部で足並みが乱れることも。

2020年，国民投票の結果を受けて，❸＿＿＿＿＿＿＿がＥＵ離脱

(2) さまざまな地域的経済統合

・東南アジア諸国連合(❹＿＿＿＿＿＿＿)

・❺＿＿＿＿＿＿＿（ＡＰＥＣ）

・❻＿＿＿＿＿パートナーシップに関する包括的および先進的協定

（ＣＰＴＰＰ)→強力な経済的連携をめざす

② グローバル化の進展

(1) 資本主義・社会主義の対立がなくなり，世界は❼＿＿＿＿＿＿で

おおわれる

→人・モノ・カネ・情報が国境をこえてかけめぐり，地球規模で緊密に

→❽＿＿＿＿＿＿

(2) ❽は世界経済を活発化させ新興国の経済成長をうながす

・中国やインドなど❾＿＿＿＿＿＿の国々は豊富な人口や天然

資源をもち，2000年代に高い経済成長を遂げる

・世界経済の運営を話し合う場がＧ７から❿＿＿＿＿に

③ 持続可能な社会に向けて

(1) ❽の課題

・国内外の経済格差の拡大をもたらす傾向→⓫＿＿＿＿＿の問題が深刻

・⓬＿＿＿＿＿（外国人や移民を攻撃する)が高まりつつある

・世界同時不況

→2008年，⓭＿＿＿＿＿発の金融危機が日本・ヨーロッパに波及

・環境破壊

→先進国での大量の木材の需要が開発途上国の熱帯雨林の破壊につながる

・大量の農作物の需要が，開発途上国の⓮＿＿＿＿＿

＿＿＿＿拡大に起因する環境破壊につながる

(2) 国連の動き

・「⓯＿＿＿＿＿」（ＳＤＧｓ)を掲げる(2015)

→⓰＿＿＿＿年までに⓫を撲滅し，持続可能な社会の実現をめざす

考えてみよう ……●

問1 写真**A**は，どの地域で撮られたものだろう。以下から記号で選びなさい。

ア．アメリカ　　イ．ヨーロッパ　　ウ．中東

エ．アフリカ　　オ．東南アジア　　（　　　　　）

問2 なぜアメリカ発のファストフード店が世界各地に広まったのだろうか。冷戦中・冷戦後を比較して考えよう。

B

国名	面積 (km²) ※1万未満四捨五入
アルジェリア	238万
ブラジル	851万
インド	329万
日本	38万
ロシア	1,710万
サウジアラビア	215万

C

アイルランド／デンマーク／ノルウェー 0.4／ノルウェー／カナダ 1.5
イギリス 2.6／オランダ／スウェーデン 0.5
ベルギー／ポーランド 0.5／フィンランド 0.2／ロシア 1.2／アメリカ 18.6
フランス 2.5／ドイツ 3.5／チェコ 0.2／パキスタン／中国 11.2／日本 4.9
ポルトガル／スペイン 1.2／スイス／オーストリア／トルコ 0.7／ルーマニア 0.2／イラン／インド 2.3／韓国 1.4／メキシコ 1.1
エジプト 0.3／イタリア 1.9／ギリシャ／イスラエル／カタール 0.6／タイ 0.4／ベトナム 0.2／ベネズエラ
アルジェリア／イラク 0.3／サウジアラビア／アラブ首長国連邦／バングラデシュ／フィリピン 0.3／コロンビア 0.3／ブラジル 1.8／アルゼンチン
ナイジェリア 0.4／南アフリカ 0.3／シンガポール／マレーシア 0.3／インドネシア 0.9／ペルー／チリ 0.2
オーストラリア 1.3／ニュージーランド 0.2

(2016年) 単位：兆ドル (世界銀行資料)

問3 表**B**の国々を，面積が大きい順に並びかえて，右の表に書き込もう。また，**C**の地図は各国のGDPを示したものであるが，これを見て，**B**で提示した国々をGDPの高い順に並びかえて，右の表に書き込もう。

問4 完成させた表を見て，気づいたことを書いてみよう。

面積順	GDP順

問5 問1～4の考察をふまえ，グローバル化の良かった点・悪かった点を，経済面から考えてみよう。

✓**チェックポイント**

①2020年にEUを離脱した国……………………………………………（　　　　　　　）

②2018年に発効した環太平洋の経済協定……………………………（　　　　　　　）

③国連が2015年に貧困撲滅を目的に掲げたスローガン………………（　　　　　　　）

クイズ 2016年にノーベル文学賞を受賞したのは？
①ボブ=ディラン　②バラク=オバマ　③マララ=ユスフザイ

101

49 時代の転換点に立って

1 政局の動きと社会

・1990年代前半から長い不景気がはじまるなかで政治改革が期待される

・❶＿＿＿＿＿＿＿＿＿＿＿＿＿内閣の成立(1993)

　→非自民８党派による連立内閣。❷＿＿＿＿＿＿＿＿＿＿＿が崩壊

・安全神話の崩壊

　→❸＿＿＿＿＿＿＿＿＿＿＿＿＿や地下鉄サリン事件の発生(1995)

・❹＿＿＿＿＿＿＿＿＿＿＿内閣の成立(2001)

　→構造改革路線を急速にすすめる→所得格差・地域格差が広がる

・2009年に自由民主党から❺＿＿＿＿＿＿＿＿に政権交代→短命に終わる

・❻＿＿＿＿＿＿＿＿＿＿＿の発生(2011年３月)

　→❼＿＿＿＿＿＿＿＿＿＿＿＿＿＿＿が被災し，大量の放

　　射性物質が放出

2 国際社会と日本

・❽＿＿＿＿＿＿＿＿＿＿＿を堅持しながら，世界の安全保障にどう貢献するか

・❸以降，❾＿＿＿＿＿＿＿＿＿＿＿＿の役割が高まっている

・❿＿＿＿＿＿＿＿＿＿（ＮＰＯ）・⓫＿＿＿＿＿＿＿＿＿（Ｎ

ＧＯ）が，災害の被災地域や紛争地域などで積極的に活動

・「人間の安全保障」の視点から，さまざまな組織・個人においても世界レベ

ルでの協力が求められている

3 雇用状況の変化

・慢性的な不況＋経済構造の変化（ＩＴ化・オートメーション化）

　→雇用問題に大きな影響をおよぼす

・1990年代後半から⓬＿＿＿＿＿＿＿＿＿＿＿の割合が大きくなる

　→若年層ではパート・アルバイトなどの⓭＿＿＿＿＿＿＿＿＿が急増

・1999年，労働者派遣法改正→派遣業種が原則自由化

　→派遣社員・契約社員が急増

・中高年労働者における⓮＿＿＿＿＿＿＿＿も実施

4 家族形態の変化

・1990年代以降，単独世帯の割合が急増

　→高齢化の急速な進行，性別役割分担の変化，結婚しない人々の増加

・ＬＧＢＴの人々の戸籍や夫婦別姓をめぐる問題など→家族形態の多様化

・⓯＿＿＿＿＿＿＿も急速にすすむ→人口の大幅な減少が予測される

　→福祉政策などは，多様な家族形態に応じたものが要求される

Kotoba（ことば）
地下鉄サリン事件　オウム真理教が，東京の地下鉄車内で神経ガスのサリンを散布し，多くの死傷者を出した事件。

Kotoba（ことば）
⓬のヒント　給与が少なく，雇用が不安定で，キャリア形成のしくみが整備されていない，などの要素をはらんでいる。

Kotoba（ことば）
⓮のヒント　英語の「Restructuring（再構築）」の略語。

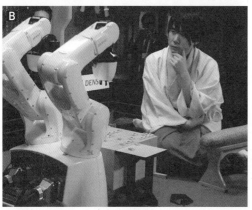

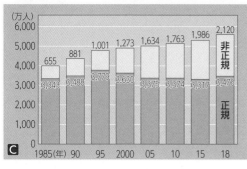

問1　写真**A**の事故が与えた影響をあげてみよう。

問2　写真**B**で人間が対戦している機械にはどのような技術が用いられているのだろう。
　　　（　　　　　　　　　　　　　　　　）

問3　写真**B**で対戦している人間は，なぜ困った表情をしているのか，考えてみよう。

問4　グラフ**C**について，1985年と2018年を比較したとき，①全体の労働者数，②正規雇用数，③非正規雇用数には，どんな特徴があるだろう。
①（　　　　　　　　　　　　　　　　　　）
②（　　　　　　　　　　　　　　　　　　）
③（　　　　　　　　　　　　　　　　　　）

問5　問4の結果をふまえて，1990年代以降の雇用状況の特徴をまとめてみよう。

（万人）のグラフ

年	非正規	正規
1985(年)	655	3,343
90	881	3,488
95	1,001	3,779
2000	1,273	3,630
05	1,634	3,375
10	1,763	3,374
15	1,986	3,317
18	2,120	3,476

C

☑ **チェックポイント**

①2001年に成立し，構造改革路線を急速にすすめた内閣……………（　　　　　　　　　　　）

②ボランティア活動が注目される契機となった災害…………………（　　　　　　　　　　　）

③指向および性自認に関するアルファベット4字の呼称……………（　　　　　　　　　　　）

1 冷戦と脱植民地化・第三世界の台頭

❷脱植民地化はどのようにすすめられたのだろうか。

　パレスチナでは，19世紀末以降，ヨーロッパで迫害されたユダヤ人が移住して，先住のアラブ人と対立が続いていた。1948年にユダヤ人がイスラエルの建国を宣言すると，1945年に結成された❶＿＿＿＿＿＿＿＿＿＿はこれを認めず，第 1 次❷＿＿＿＿＿＿＿＿＿＿がおこり，アラブ側は敗れ，多くのアラブ人が難民となった。

　東南アジアでは，インドネシアは❸＿＿＿＿＿＿＿＿＿と，ベトナムは❹＿＿＿＿＿＿＿＿＿＿と，それぞれ独立戦争を戦った。1960年以降，アフリカ地域で多くの国々が独立した。これらの新興諸国は，東西両陣営に所属しないという意味で，❺＿＿＿＿＿＿＿＿＿とよばれた。

　1950年代に一時緩和された米ソ冷戦は，1962年の❻＿＿＿＿＿＿＿＿＿＿で再び緊張したが，その後米ソが歩み寄って危機は回避された。ソ連の平和共存路線を受け，東ヨーロッパではソ連からの独立を求める動きが相次いだが，ソ連は軍事介入し，これらの動きを鎮圧した。

　一方日本は，1956年にソ連と国交を回復して❼＿＿＿＿＿＿＿＿＿への加盟を認められた。また，1960年にはアメリカと❽＿＿＿＿＿＿＿＿＿＿を結んだが，これに対して，国民は反発し，激しい反対運動（❾＿＿＿＿＿＿＿＿＿）が展開された。

　1965年，共産主義国家の拡大をおそれたアメリカは，北ベトナムへの空爆を開始，❿＿＿＿＿＿＿＿＿が本格化した。アメリカ国内では，1950年代なかばから人種差別をなくそうとする⓫＿＿＿＿＿＿＿＿＿運動などがさかんとなった。こうした動きは，❿の長期化にともない戦争に反対する声を強め，アメリカの世論に分裂をもたらした。

2 世界秩序の変容と日本

❷冷戦後の世界はどのような関係になり，日本はそのなかでどのような位置にあるだろうか。

　アラブ諸国とイスラエルによる1973年の第 4 次❷において，アラブ産油国がイスラエルを支援しているとみられる先進諸国に対して，原油価格の引き上げや輸出制限をおこなうと，⓬＿＿＿＿＿＿＿＿＿とよばれる世界経済の大きな混乱をまねいた。

　1989年末，ソ連の⓭＿＿＿＿＿＿＿＿＿書記長と⓮＿＿＿＿＿＿＿＿＿米大統領との会談が実現し，冷戦に終止符を打った。その後，ソ連内の各共和国において連邦からの離脱を求める動きが高まり，1991年にソ連は消滅した。ソ連消滅後，東欧諸国では市場経済を取り入れた国の再建がすすめられた。

　冷戦の終結は平和や安定への希望を生んだ。日本でも，1992年に⓯＿＿＿＿＿＿＿＿＿（ＰＫＯ協力法）を制定し，平和維持の一役を担うことになった。しかし，2001年にアメリカで⓰＿＿＿＿＿＿＿＿＿がおこって以降，各地でテロ事件や内戦がつづいている。

　冷戦後の世界では，人・モノ・カネ・情報が地球規模でつながるようになった。これを⓱＿＿＿＿＿＿＿＿＿という。⓱は世界経済を活発化させるが，これにより国内外の経済格差や世界同時不況の要因ともなる。さらに環境破壊につながることもある。こうした地球規模の課題に対して，2015年に国連は（「⓲＿＿＿＿＿＿＿＿＿（ＳＤＧｓ）」）を掲げた。